Romance Espírita

Amad a los Enemigos

Por el espíritu
António Carlos

Psicografía de
VERA LÚCIA MARINZECK DE CARVALHO

Traducción al Español:
J.Thomas Saldias, MSc.
Trujillo, Perú, Febrero 2020

Título Original en Portugués:

"Amai os Inimigos"
© Vera Lúcia Marinzeck de Carvalho
Septiembre 2001

Revisión:

Karen C. Funes Valenzuela

Houston, Texas, USA

E–mail: contact@worldspiritistinstitute.org

De la Médium

Vera Lúcia Marinzeck de Carvalho (São Sebastião do Paraíso, 21 de octubre -) es una médium espírita brasileña.

Desde pequeña se dio cuenta de su mediumnidad, en forma de clarividencia. Un vecino le prestó la primera obra espírita que leyó, "El Libro de los Espíritus", de Allan Kardec. Comenzó a seguir la Doctrina Espírita en 1975.

Recibe obras dictadas por los espíritus Patrícia, Rosângela, Jussara y Antônio Carlos, con quienes comenzó en psicografía, practicando durante nueve años hasta el lanzamiento de su primer trabajo en 1990.

El libro "Violetas na Janela", del espíritu Patrícia, publicado en 1993, se ha convertido en un éxito de ventas en el Brasil con más de 2 millones de copias vendidas habiendo sido traducido al inglés, español, francés y alemán, a través del World Spiritist Institute.

Del Traductor

Jesus Thomas Saldias, MSc., nació en Trujillo, Perú.

Desde los años 80's conoció la doctrina espírita gracias a su estadía en Brasil donde tuvo oportunidad de interactuar a través de médiums con el Dr. Napoleón Rodriguez Laureano, quien se convirtió en su mentor y guía espiritual.

Posteriormente se mudó al Estado de Texas, en los Estados Unidos y se graduó en la carrera de Zootecnia en la Universidad de Texas A&M. Obtuvo también su Maestría en Ciencias de Fauna Silvestre siguiendo sus estudios de Doctorado en la misma universidad.

Terminada su carrera académica, estableció la empresa *Global Specialized Consultants LLC* a través de la cual promovió el Uso Sostenible de Recursos Naturales a través de Latino América y luego fue partícipe de la formación del **World Spiritist Institute**, registrado en el Estado de Texas como una ONG sin fines de lucro con la finalidad de promover la divulgación de la doctrina espírita.

Actualmente se encuentra trabajando desde Peru en la traducción de libros de varios médiums y espíritus del portugués al español, así como conduciendo el programa "La Hora de los Espíritus."

Antônio Carlos, un amigo siempre presente

El espíritu Antônio Carlos, un estudioso compañero que ahora vive en el Plano Espiritual, amado por muchos, considerado talentoso por tantos, ha dejado a sus fanáticos curiosos por saber quién es o quién fue.

A nuestro amigo no le gusta adorar nombres, piensa que solo son válidos para ser nombrados por un período determinado.

Pero, a pesar de esta observación, hablemos un poco sobre Antônio Carlos (así lo conocemos hoy). En su último paso por el Plano Físico, Antônio Carlos ejerció la Medicina y desencarnó en las primeras décadas del siglo XX. En sus primeros tiempos en el Plano Espiritual, también se dedicó a la Medicina. Luego, recordando el pasado, se dio cuenta de que tenía que hacer algo bueno por la literatura. En el pasado, junto conmigo, nos habíamos equivocado, escribiendo libros confusos y transmitiendo información errónea.

Tenemos, Antônio Carlos y yo, una gran afinidad, porque hemos estado juntos varias veces, tanto en el Plano Físico como en la Espiritualidad.

Para escribir el primer libro, entrenamos nueve años consecutivos. Antes de la edición del primer trabajo y, más tarde, de los otros ya editados, cada libro se reescribe cinco veces, en promedio, además de pasar por varias revisiones.

Antônio Carlos siempre me pidió que sintiera su vibración y que siempre lo distinguiera así, ya que la apariencia, como el nombre, no es nada.

Siempre lo veo de esta manera: es alto, fuerte, de sesenta años, con el pelo fino y delgado, separado a un lado. Características fuertes, aspecto amable. Nunca lo vi reír, pero sonríe mucho, esa sonrisa cariñosa con los labios cerrados.

Le hice algunas preguntas, las que generalmente me hacen, y que yo tampoco sabía. Obtuve las siguientes respuestas, que ahora transcribo a mis amigos.

– ¿Pretendes escribir un libro sobre tu última encarnación?

– Mi última visita al plano físico fue muy simple. Lo he pensado, pero todavía no he encontrado una forma interesante de escribirla. Reencarné en una familia de clase media, era presbiteriana. Estudié fácilmente y practiqué la Medicina con amor. Quizás llegue a narrarlo, pero me temo que no sea del agrado a nuestros queridos lectores.

– ¿Cuáles son tus planes para el futuro?

– Tengo algunas novelas que quiero transmitir a Vera, mi compañera de trabajo. Todo lo que comienza tiene un final. Y haciendo eso, un día, nosotros, ella y yo podemos decir: "¡Ahí está!" Tengo planes, sí, cuando Vera se desencarne, suspenderé esta actividad y reencarnaré, porque tengo algo muy importante que hacer en el Plan Físico. Trabajar con literatura fue y es muy importante, noté lo que hice mal y aprendí mucho. Hago este trabajo solo con este medio, porque tenemos razones, historias y experiencias juntos.

– ¿Eres realmente Antônio Carlos?

– ¡Por supuesto! Soy conocido así, si mis amigos me llaman así. ¿Por qué no llamarme de esa manera?

– ¿Cuál fue tu mayor alegría en estos años dedicados a la literatura?

– Fue haber visto los libros de la señorita Patricia haber sido aceptados y servido de consuelo a tantas personas. Patricia es otro afecto vinculado a la médium Vera, para muchas encarnaciones, y que, en el Plano Espiritual, trabajaran y estudiaran juntos para poder escribir los libros. Coordinar este trabajo fue una gran alegría. Se programaron cuatro libros. Su tarea ha terminado. Patricia fue a hacer lo que había planeado. Amigos, los desencarnados también sueñan, hacen planes, y nuestra querida amiga fue a hacer los suyos. Hoy, ella trabaja y estudia en Espiritualidad y ya no viene al Plano Físico.

– Algunas palabras para nuestros lectores...

– Que aprendamos a amarnos verdaderamente a nosotros mismos y a nuestro prójimo, para tener paz y armonía. Mi abrazo cariñoso y fraterno a todos.

Septiembre de 2001

ÍNDICE

LA ISLA

– Tortugo, ¿dónde está Ruga? – Preguntó Noel, frotando la cabeza de una de sus tortugas –. Te gusta el cariño, ¿no?

Noel sonrió, era una persona diferente de los habitantes de la región. Rubio, ojos azules, barba larga, alto, fuerte y considerado sabio por los vecinos que tenían pocos conocimientos y estudios. Aunque no era muy sociable, era querido, porque siempre los estaba ayudando con consejos y resolviendo los problemas de esas personas simples.

Tomó una hoja de lechuga para dársela al animalito. Dos hermosas tortugas vivían con él en la isla.

– ¡Come, Tortugo! ¿Eres realmente hombre? Si no, lo siento, no quiero ofenderte. Mané me dijo que sí. Cuando regrese a la civilización, buscaré para ver si tus características son masculinas. No importa la forma en que te llamo, ¿verdad, amigo? No entiendes, es lo que es. Sostuvo la hoja y la tortuga comió lentamente. Noel sintió la suave e invisible manita encima de la suya otra vez.

– ¿Eres tú, hijo mío? ¿Gabriel? ¿Quieres que yo decida? ¡Que vuelva y enfrente la vida! Tienes razón, me escapé por mucho tiempo. ¡Debo volver!

Caminó por la orilla y miró el horizonte. Amanecía y Noel nunca se cansaba de mirar al cielo.

– ¡La naturaleza es muy hermosa! ¡No hay color más hermoso que el azul del cielo! – sonrió – Ya no debo hablar o reírme solo. Se extrañarán cuando regrese.

La isla era pequeña, fluvial, el río que la rodeaba era grande, con mucha agua limpia y muchos peces. Los árboles eran hermosos, el bosque nativo bordeaba el río. A Noel le gustaba admirarla y también a los animales silvestres e incluso salvajes. Había muchas serpientes en toda la región, aprendió rápidamente a distinguir las venenosas y a conocer a todos los peces. Pescaba poco, solo cuando quería comerlos.

– Aprendí a cocinar, hago pescado de diferentes maneras, allí ya no lo haré, ¡no tendré tiempo! – tartamudeó.

La isla estaba justo en el medio del río, tenía algunos árboles nativos y otros frutales. En un frondoso *jequitibá* hizo un columpio, le gustaba balancearse.

"Disfrutar de la naturaleza es muy bueno, es una pena que muchas personas abusen de ella", pensó.

Había estado allí durante casi cinco años, le encantaba el lugar. Tenía todo lo que necesitaba. Una casa de una habitación, con una estufa de leña, una lámpara, una cama y algunos libros.

Fue a cuidar el huerto, había plantado varios árboles y muchos vegetales. Sacaba su sustento del río y del huerto. Cada seis meses, recibía un sobre con algo de dinero y compraba café, azúcar y algo de ropa. Llegaba por correo que era entregado a los pescadores en el pueblo al otro lado del río, en la orilla derecha.

– ¡Noel! ¡Noel!

Escuchó que lo llamaban, dejó caer la azada, caminó hacia el banco y vio a Severino, un pescador que vivía en el pueblo.

– Noel vine a decirte que llegó el sobre manila y también a ver si puedes conseguirme un bálsamo de limón. Rosa, mi esposa, quiere hacer un poco de té. ¿No me das unos tomates?

– ¡Necesitas plantar Severino! ¡Es tan fácil y agradable cuidar un huerto! Conseguiré lo que pides y gracias por el aviso.

El sobre era la carta de Dárcio, ciertamente había enviado lo que había pedido. Severino tomó la hierba y los tomates, le dio las gracias y se fue. Noel pensó:

"Ya no tengo que posponerlo. Hoy recibiré el sobre. Lamento dejarlo todo, o, mejor dicho, tengo miedo. Eso es, tengo miedo. Es muy cómodo aquí. ¿Es cobardía o comodidad escapar de los problemas?"

Allí tuvo paz y trató de resolver los problemas de otras personas, no los tenía en esa isla. Como no los veía, sentía que no los tenía.

"Voy a terminar este pedazo e iré al pueblo."

Media hora después, tomó su canoa y remaba lentamente, caminando hacia la otra orilla. El pueblo no estaba lejos, le llevó treinta minutos llegar allí cuando remaba más rápido, pero a Noel le gustaba ir lentamente disfrutando de las aguas, los peces y las costas. Para ir al pueblo, tuvo que remar contra la corriente, pero el río no tenía prisa, sus aguas llegaron lentamente. En el camino de regreso, Noel solía tumbarse en la canoa y mirar hacia arriba, observando los pájaros, las nubes, y la canoa lentamente surcaba el río.

– ¡Qué lindo no tener prisa! – él siempre exclamaba. Cuando llegó, le gustó su canoa, la compró y la restauró muchas veces y siempre la pintó de rojo y azul.

No veía la isla del pueblo, el pueblo era pequeño, con dos calles polvorientas, las casas eran simples, los residentes eran casi todos morenos, disfrutaban del sol que siempre reinaba, allí era verano todo el año.

Llegó, todos lo saludaran alegremente, los niños lo rodearan.

– ¡Noel, que bueno verte! – dijo Marquitos, un chico inteligente que siempre lo visitaba.

Todos lo llamaban solo por su nombre. Él pidió, tan pronto como los conoció, que no lo llamaran de señor. Estaba cansado de este tratamiento y ahora seguramente tendría que volver a escucharlo.

– Noel, ven a ver a mi Neuziña, tiene dolor de estómago – dijo Jovino.

No era médico, pero su poco conocimiento en esta área era enorme, en comparación con el de ellos. No había médicos ni hospitales allí, solo en la ciudad más cercana, que estaba distante. Allí usaban muchos tés de hierbas, remedios caseros. Noel no se negaba a ayudar a nadie, siempre trataba de ayudar y cuando se dio cuenta de que podía ser algo más serio, los guiaba y los ayudaba a ir a la ciudad.

– ¿Qué hay de Neuziña? ¿Dónde duele? – Preguntó.

– ¡Aquí, Papá Noel! – respondió la niña.

Noel sonrió, escuchaba eso desde pequeño, de niño se molestaba, de adolescente quiso cambiar su nombre, luego se acostumbró. Su madre lo consoló diciéndole que lleva el nombre de un famoso compositor. Noel Rosa, pero eso no lo consoló mucho, no le gustaba su nombre.

Estuvo de acuerdo con la niña, con la larga barba rubia, se parecía a Papá Noel, solo que sin hijos. Había tenido a Gabriel, que se fue tan temprano. Lo recordaba mucho, recordaba que un día su hijo se sentó en su regazo y dijo:

"Papito, tienes el nombre de Papá Noel. Y para ser uno, todo lo que necesitas es una barba."

Ahora no faltaba, tenía barba. ¿Será que por eso la dejó crecer? ¿O por qué no le gustaba afeitarse? ¿Comodidad? ¿O para parecerse al viejo famoso y legendario?

De nuevo sintió la manita, la mano suave, cálida y suave sobre la suya que pasó sobre el vientre de la niña.

– ¡Dale té para las lombrices! Neuziña, ¡sanarás del dolor! – exclamó él.

Confiaban y la niña estaría tan bien como siempre. Él sonrió con agradecimiento. Fue a la casa del señor Benedito, quien era el líder de la aldea, tomó el sobre y regresó a la isla. Todos parecían curiosos, muy ansiosos por saber lo que recibía periódicamente, pero, como no respondió, no hicieron más preguntas.

Cuando quiso desaparecer, para alejarse de la ciudad, hizo lo mismo. Consultó el mapa del Brasil. El país era demasiado grande, demasiados ríos, señaló uno, vio que tenía algunas islas y decidió ir a una de ellas. Puso solo lo que pensó que era esencial, algo de dinero, y se fue. Al principio, la población ribereña lo miró con recelo, con el tiempo fue aceptado y ahora eran amigos. No abrió el sobre, llegó a la isla, lo dejó en la cama. Hizo su almuerzo y solo después de comer abrió la carta. Era Dárcio, su gran amigo y la única persona que sabía dónde estaba.

Estaba el dinero que pidió y el recado:

"Noel, quedé muy contento con la noticia de tu regreso. Realmente quiero pasarte el cargo para dedicarme a la política. Será un gran placer tenerte de nuevo con nosotros. Ven lo antes posible. Abrazos, Dárcio."

Miró el dinero.

– ¡Qué cosa! ¡Cambió de nuevo! ¡No conozco este billete! ¡Creo que es más que suficiente!

Los loros hacían ruido, Noel se levantó y fue a darles un poco de maíz. Muchas aves llegaron a las islas acostumbradas a recibir comida y él tenía la pareja de tortugas. Se engañó a sí mismo de que le pertenecían; solo eran vecinos, los animales allí eran libres. Miró todo con cariño y se despidió. Decidió acostarse un rato e ir al día siguiente a la aldea y decirles a todos que se iba a ir. Sintió la presencia de su hijo.

"¡Estoy haciendo lo que querías! ¿Te sentiré allí, hijo mío?"

"Sí, mi padre, ¡no te dejaré!"

Sintió la respuesta y el beso en la mejilla. Suspiró sintiendo mucha paz.

– ¿Qué me voy a llevar? – se preguntó y respondió: – Un cambio de ropa, los demás se los daré a la gente del pueblo. ¡Me llevaré estos libros! ¡Ellos son mi riqueza!

Había nueve libros que cambiaron su forma de pensar. Recordaba bien el día en que recibió los libros. Fue en una tarde que hubo una fuerte tormenta, una gran lancha se perdió con algunos turistas y los recibió en la isla. Había tres hombres que salieron a pescar. Salieron del hotel y no sabían cómo regresar, Noel les dio comida y se quedaron hablando, se sorprendieron al encontrar a una persona con conocimiento allí sola. La tormenta pasó y Noel se ofreció a guiarlos al hotel.

"Iré con ustedes en el bote, amarraré mi canoa, les llevaré y regresaré."

"Aceptaré, si no llego hoy, mi familia que se quedó en la posada estará aterrorizada", dijo uno de ellos.

Cuando llegaron al hotel, querían pagarle el favor. Noel se negó. Entonces uno de los hombres le dio un paquete, pensó que era ropa, iba a rechazar, cuando el hombre dijo:

"Son libros, disfrutarás leyéndolos, han cambiado mi vida para mejor, creo que también te ayudarán."

Le gustaba leer, pero no había leído nada durante un tiempo, a veces leía algunas noticias de los periódicos de la aldea porque le pedían que las explicara. Debido a eso, tuvo la impresión de que la humanidad se estaba confundiendo cada vez más. Llegó a la isla de noche; al día siguiente, tan pronto como amaneció, recogió los libros y los examinó. Pertenecían a un escritor francés, Allan Kardec, su colección y dos estudios más sobre espiritismo. Noel comenzó a leer. Después de leerlos, los releyó nuevamente estudiándolos. Luego comenzó a ver los hechos de una manera diferente, la vida de una manera diferente.

Una noche, soñó con su hijo Gabriel, que había fallecido. Lo besó, lo abrazó y dijo:

"¡Papi, te amo!"

"¡Yo también te amo!" – respondió él.

"¡Amad, pues, a los enemigos!" – exclamó el hijo.

Se despertó y estaba seguro de haberse encontrado con a su hijo. Entonces comenzó a sentirlo. Escuchaba su pequeña voz, sentía su mano.

Una tarde, el sol estaba muy fuerte. Noel se tumbó un rato, rezó y su espíritu abandonó el cuerpo. Se sorprendió, pero cuando vio a su hijo se tranquilizó. Se puso de pie y miró su cuerpo acostado. Le parecía extraño, tenía treinta años y parecía tener mucho más con esa barba en el pecho. Miró a Gabriel, estaba como desencarnara, rosado, ojos azules, labios rojos, sonrió con cariño y dijo:

"¡Hola papá!"

"¿Fuiste tú que hiciste esto?" – preguntó Noel.

"Te ayudé. Dejaste tu cuerpo consciente."

"¿Es un sueño?"

"No es un sueño. Somos espíritus y usamos algo de ropa. Es decir, mi espíritu recubre el periespíritu, una copia del cuerpo físico que utilicé. Vivo así, porque estoy desencarnado. Te has apartado con tu periespíritu de tu cuerpo carnal que yace allí. ¿Ves este cable? Estás unido a él; es decir, está encarnado. Siempre nos encontramos y hablamos cuando tu cuerpo duerme, y lo recuerdas como un sueño. Saliendo así, consciente, recordarás nuestra conversación y podrás meditar sobre lo que hablamos. "

"Leí sobre eso, pero el sentimiento es diferente. Somos iguales y quiero darte un abrazo. ¡Sentirlo!"

Se abrazaron con afecto.

"Papá, quiero hablar contigo. La muerte del cuerpo no termina con nosotros. Todavía estamos vivos, con nuestra individualidad y sentimientos. Todavía te amo. Fue tan bueno que hayas recibido esos libros, hablar conmigo y no tener miedo." dijo Gabriel "¿Quieres pedirme algo?" – preguntó Noel.

"¿Cómo lo sabes?"

"Cada vez que me pedías algo, colocaba las manos detrás, en la espalda."

Gabriel se rio. Era un niño de rara belleza cuando estaba en lo físico y seguía siendo bello por estar equilibrado, armonizado. Él respondió con calma.

"¡Papi, quiero que regreses! Debes cuidar lo que Dios te ha confiado."

"¿Dárcio no lo está haciendo?"– preguntó Noel.

"¡Él no es el dueño!" – respondió Gabriel.

"¡Aquí tengo paz!" – Exclamó Noel, suspirando.

"Aprender a tener paz es nuestra conquista, quien lo consigue tiene paz independientemente del lugar en el que se encuentre", respondió Gabriel.

"Hijo mío, creo que será un regreso difícil para mí."

"¿Solo quieres facilitar? ¿Dónde está aquel hombre que se enfrentaba a todo?" – preguntó el niño.

"Enfrentaba, dijiste bien, ahora no lo sé."

"Bueno, lo sé. Lo conseguirás."

"¿Es esto lo que realmente quieres?" – preguntó Noel.

"Es lo que hay que hacer" – respondió el hijo.

Gabriel lo puso de nuevo al lado del cuerpo. Noel se levantó de un salto, abrió los ojos y ya no vio a su hijo. Pasó horas pensando en ese encuentro y decidió regresar. Le escribió a Dárcio pidiéndole que enviara dinero para su regreso.

– ¡Por eso decidí volver! exclamó, levantándose de la cama. Volvió a abrir el sobre y allí estaba el dinero. Vivía sin él, o casi sin, últimamente lo usara para beneficiar a alguien.

– Antes pensaba que nadie vivía sin dinero, siempre tuve mucho, pero ahora pienso de manera diferente. Volviendo, tendré que lidiar con la moneda. ¿Qué voy a encontrar? ¿Dárcio me fue fiel? Debo estar preparado para todo.

Caminó alrededor de la isla, mirando cada pieza con cariño, despidiéndose. Tal vez ya no volvería allí, y si lo hiciera, no sería lo mismo. Todo cambia.

– Este tomate, que ahora está lleno de fruta, morirá y secará en meses. Todo se modifica. Algunos resisten más, otros menos, y todo se transforma. La gente también, los hechos los hacen cambiar, algunos para mejor, otros para peor, el tiempo deja huellas. Si estamos cerca, viendo los cambios diarios, no los notamos o no nos sorprenden. Si estamos lejos, cuando los revisamos y notamos estos cambios a la vez, nos resulta extraño y puede doler. Dicen que ojos que no ven, corazón que no siente. Al regresar, nuestro objetivo es ver todo tal como lo dejamos, pero esto no es posible, existen transformaciones y la decepción duele. Sé que no encontraré a las personas como las dejé, e incluso si regreso aquí, después de un período, no lo encontraré de la misma manera.

Las tortugas vivían libres, estaban acostumbradas a ser alimentadas, tendrían que buscar alimento y afortunadamente lo tenían en abundancia.

– Si no llueve, ustedes ¡mis plantas sensibles morirán de sed cerca de tanta agua! – exclamó Noel, suspirando y mirando el jardín bien cuidado –. ¿Voy hoy o mañana a despedirme de la gente del pueblo?

se preguntó a sí mismo –. Me voy hoy, ¡ahora! – decidido –. ¡Me alegro de no tener un perro! ¡Me gusta mucho este animal! ¡Solo tenía a Bob! El pobre hombre murió de viejo – dijo y fue a la orilla del río.

Entró en la canoa y remaba en cadencia. Llegó, la ató y caminó hacia el único bar allí, en ese momento era muy frecuentado por los lugareños. Todos se detuvieron y lo miraron, preguntándose por qué vino dos veces a la aldea el mismo día.

– ¿Pasó algo, Noel? ¿Estás bien? – Preguntó Severino.

– Quería hablar contigo, por eso vine aquí – respondió Noel. Decidió hablar de inmediato: – ¡Me voy! Regreso a mi ciudad. Me iré temprano mañana.

Silencio. Nadie, por un momento, se atrevió a hablar; se quedaron quietos mirándolo hasta que Mané preguntó:

– ¿Por qué? ¿No te gusta aquí?

– Me encanta este lugar, aquí encontré la paz tan soñada. Sin embargo, huir del mundo, la civilización, no resuelve nuestros problemas, nos engañamos a nosotros mismos porque no los tenemos porque no los vemos. Ignorarlos es engañarte a ti mismo. Y no podemos vivir en la ilusión toda nuestra vida. Tenemos que resolver lo que estaba pendiente.

Noel habló con la cabeza baja, solo para sí mismo, porque cuando los miró, los vio con asombro, sonrió y continuó hablando:

– Amigos, tengo algo que hacer en mi ciudad natal, estuve lejos por mucho tiempo y debo regresar.

– ¿Tienes familia? – Preguntó Benedito.

– ¡No!

– Entonces, ¿por qué? – Benedito preguntó de nuevo. Noel pensó en responder: "Tengo enemigos", pero también tenía afecto, amigos, volvía por todo y respondió:

– Volveré para resolver algunos problemas.

– ¿Eres un fugitivo de la policía? preguntó Pedro

– ¡No! – Noel respondió y entendió que, al no revelarles nada de su pasado, sus amigos pensaban muchas cosas sobre él. Pensando que les debía una explicación, dijo:

– No hice nada malo, la policía no me busca. Soy una persona normal, solo que no tengo familia, mis padres fallecieron, yo era hijo único y tuve un hijo que murió en un accidente. Disgustado, quería alejarme de la ciudad y vine aquí. Me gusta la vida aquí, pero necesito regresar para cuidar algunos bienes materiales que dejé para que se encargara un amigo. Ahora él quiere ser político y yo necesito regresar.

– ¿Crees que encontrarás esos bienes? ¿Habrá todavía algo? – Preguntó Severino.

– No sé, por eso voy a volver – respondió Noel.

– Si tu amigo quiere ser político, es mejor que estés atento. Los políticos no tienen buena reputación – advirtió Benedito.

– Hay personas honestas en política, si hubiera más, nuestro país sería mejor – dijo Mané.

– La gente buena no se siente bien con otros que hacen lo malo – dijo Pedro.

– Los malos a veces se destacan por la timidez de los buenos – dijo Noel –. A menudo, a las buenas personas les resulta mejor dejar ir, no involucrarse. No debería ser así.

– Todo comienza en las elecciones, la mayoría de ellos juegan sucio y los buenos piensan que no vale la pena, que no necesitan esto – comentó Pedro.

– ¡Es una pena! ¡Podría haber más patriotas en política y hacer de este país un lugar mejor para todos! – dijo Noel.

– Siempre pensé que tenías un secreto. ¿Fue entonces, la desilusión de tener a tu hijo muerto lo que te hizo abandonar todo y venir aquí? Incluso lo entiendo, tuve dos hijos que murieron, sufrí y estoy aquí, la vida continúa. ¿Por qué no tienes otros? – Preguntó Severino.

Noel no respondió, decidió cambiar de tema y hablar sobre su partida.

– Me voy mañana por la mañana. Pedro, quiero alquilar tus dos caballos.

– No alquilo a amigos, los presto. Pero ¿por qué dos? ¿Llevarás muchas cosas? – Preguntó Pedro.

– No, es solo que quiero que uno de los muchachos me acompañe a la ciudad y traiga los caballos de regreso.

– Te debemos mucho, Noel, has mejorado nuestras vidas, aprendimos de ti a negociar, a comprender nuestros derechos y te extrañaremos. Es un placer prestarte los caballos – dijo Pedro.

– Tenemos la escuela porque la conseguiste, y siempre estás con nosotros cuando te necesitamos. ¿Volverás? – Preguntó Mané.

– ¡Quizás! – respondió Noel –. Traeré mis pertenencias y te las daré, Sebastian. No es mucho, pero como quieres casarte, puede ayudarte. Dejo mi ropa aquí, ustedes las reparten. Me gustaría pedirles un favor: si no llueve durante mucho tiempo, deja que alguno de ustedes vaya a la isla y riegue mis plantas.

– ¿Podemos recoger las frutas? – Preguntó Nelson.

– ¡Por supuesto!

Hablaron unos minutos más y Noel regresó a la isla. Estaba triste y lloró. Alejarse del mundo es fácil, vivir sin tentaciones, sin vivir juntos es mucho más fácil. Vivir en el mundo conviviendo con el prójimo, no ser corrompido y no estar apegado a nada que se cree que es tuyo es difícil. Para vivir en sociedad hay que ser valiente. Sin embargo, nadie hace nada por nuestro hogar, la Tierra, sin participar, sin vivir con los otros residentes de esta casa.

"¡Que Dios me ayude!" – suspiró

Se durmió, se despertó al amanecer y arregló todo para irse. Puso su ropa en una bolsa para dejarla en el bar, las otras pertenencias, en otra para dársela a Sebastian, puso todo en la canoa y se fue sin mirar atrás. No quería ver la isla por última vez. En su regazo sostenía una hermosa flor, una orquídea lila. Cuando llegó a la orilla, Pedro lo estaba esperando, lo ayudó con las bolsas.

– Ramón irá al pueblo contigo. Buen viaje. ¡Noel, y vuelve amigo!

Dejó las bolsas en el bar y fue a la escuela. Maria Inés estaba allí. Él entró. La escuela era un salón con buenos escritorios nuevos, una gran pizarra, estanterías, una cocina para comidas y dos baños. Construido con su donación, había sido un gran regalo para los aldeanos.

– ¡Buen día, Noel! – dijo Maria Inés.

– Vine a decirte adiós. ¡Te traje esta flor! exclamó Noel.

– ¡Es linda! Gracias ¿Realmente te vas? ¿No vuelves?

– No creo que vuelva. Maria Inés ¡quiero que seas muy feliz! – respondió Noel.

– ¡También te deseo lo mejor! – dijo la profesora en voz baja

Noel la miró. Maria Inés era morena, con expresivos y sinceros ojos negros, largo cabello castaño oscuro, no tenía mucho estudio, pero era muy trabajadora y sabía enseñar, era la maestra en la escuela del pueblo. A todos les gustaba mucho. Sabía que él le gustaba, los pescadores habían insinuado, aunque nunca lo motivó. Su único gesto de afecto hacia ella fue el de la despedida, en la que le había traído la flor. Realmente quería que ella fuera feliz y temía que ella lo esperara.

– Maria Inés, eres una persona especial, te admiro por lo que haces por lo que eres, te tengo como amiga, pero eso es todo. ¡No vivas en la ilusión! ¡Me voy y no volveré!

– Los buenos sentimientos nos ayudan a vivir – respondió María Inés –. No te preocupes por mí, estaré bien, aquí es donde siempre viví y vivo, me gusta la escuela y mis alumnos.

– Que Dios te bendiga, Maria Inés. Adiós

– ¡Adiós!

Noel salió y escuchó un sollozo, sintió ganas de volver y cuidar a la joven, pero sería peor. No había hecho nada para que ella lo amara, era un amor platónico y ella lo olvidaría.

"¿Por qué a veces, incluso sin querer, hacemos sufrir a otras personas?" – pensó y suspiró con tristeza.

Algunos amigos ni siquiera fueron a pescar para poder despedirse de él. Abrazó uno por uno, subió a su caballo y partió.

RECUERDOS

Noel ni siquiera miró hacia atrás, intentó no llorar y pensó:

"¡Me estoy poniendo un llorón!"

El camino estaba polvoriento y los caballos trotaban al ritmo. Ramón trató de hablar, pero Noel no estaba de humor, el muchacho comenzó a cantar y luego se quedó callado. Llegaran a la ciudad, no era grande, pero tenía escuelas, médicos, un pequeño hospital y una terminal de autobuses.

– ¡Paremos aquí, Ramón!

Noel bajó de su caballo, tomó su bolso y le dio dinero a Ramón.

– ¡No quiero, Noel! El Sr. Pedro dijo que no era para tomar su dinero, que no le debía nada.

– Lo sé esto, Ramón, esto es para ti.

– ¡Gracias! Adiós.

Noel caminó por la ciudad, fue a la terminal de autobuses y revisó el horario, el autobús a la capital del estado partiría en dos horas, compró el boleto. Estaba ansioso y caminó por las calles cerca de la pequeña estación de autobuses. Después de preguntar la hora a dos personas, decidió comprar un reloj, pero no lo encontró cerca y no quería ir lejos. Tomó café en un bar, volvió a la parada del autobús. Esto fue a tiempo. Cuando se fue, sintió que realmente se iba.

Abrió el Evangelio en su capítulo favorito y leyó: "Si perdonas a los hombres por las faltas que cometen contra ti, tu Padre celestial también perdonará tus pecados; pero si no perdonas a los hombres cuando te ofenden, tu Padre tampoco perdonará tus pecados." Mateo, 6:14 y 15.

Debido a que el autobús se balanceaba mucho, cerró el libro y comenzó a pensar, a recordar.

Había sido un niño feliz, mimado por su madre, le gustaba estudiar. Era un adolescente cuando sus padres comenzaron a pelear, y casi siempre, después de las discusiones, su padre iba a la fábrica donde había hecho un departamento, y allí, según su madre, había un lugar donde recibía a sus amantes. Fue una gran decepción cuando, una tarde, vio a su padre con una muchacha en el departamento. Había ido hasta allí en un intento de llevarlo a casa y lo encontró con la jovencita. Salió sin ser visto y lloró, no le dijo nada a su madre. Siempre había estudiado mucho, le encantaba aprender y se graduó como ingeniero mecánico. Estudió en una ciudad al lado de la que vivía. Estaba en casa todos los fines de semana y sus padres seguían peleando. Realmente gustaba de ir a la fábrica de telas, era grande, limpia y segura. Los empleados apreciaban mucho a su padre, que era un buen jefe. Todavía estaba estudiando cuando su madre le pidió una conversación, y por el tono hablaba en serio.

"Noel, mi hijo, estoy enferma, o estamos enfermos, tu padre y yo. Ari siempre me traicionó, lo sabía, lo sé y soy una cobarde, no tuve el coraje de abandonarlo. Creo que soy una persona que ama solo una vez. Y a pesar de que sé todo lo que me hace, todavía lo amo. Ari, en sus aventuras, se infectó con una enfermedad y me la transmitió. Lo estamos tratando, pero no creo que lo sanemos. Aún más, tu padre también tiene una enfermedad cardíaca grave. "Es muy triste saber que él, cuando me traicionó, se infectó con esta enfermedad y me la transmitió."

No podía creerlo, pero era verdad. Su padre organizó el negocio, pasó todos los bienes a su nombre, en sus vacaciones y los fines de semana aprendió todo, su padre le enseñó pacientemente. Lo que lo consoló fue que sus padres ahora estaban unidos, no peleaban y se trataban con afecto. Sufrieron por la enfermedad. En su graduación, su padre estaba en una silla de ruedas y tuvo que irse antes del final, porque se sentía mal. Se puso en forma para la fábrica, admiraba el trabajo de su padre, aunque su padre era un bohemio, tenía varias amantes, era generoso con los empleados y daba grandes sumas de dinero a instituciones filantrópicas. Siguió el ritmo de trabajo de su padre. Dárcio, hijo de un antiguo y confiable empleado, que era un abogado joven, trabajador e inteligente, se convirtió en su secretario y lo ayudó en todo. Conocía a Dárcio desde que era niño, en esa ciudad mediana todos se conocían. Se hicieron amigos.

Su padre sufrió mucho, su madre, aunque enferma, lo cuidó con cariño. Ari desencarnó dejando a todos tristes. Su madre, Mara, dejó de luchar por la vida y luego se desdobló en cuidados.

"¡Vive para mí, mami! ¡Te necesito!"

"No sientas la necesidad de nadie, hijo mío. Sé autosuficiente. ¡Cuídate! Creo que solo el cuerpo muere, el mío es irremediablemente irrecuperable. Al otro lado de la vida, nos curaremos, tu padre y yo. No quiero que sufras por nosotros, por mí, no quiero que sigas llorando. Eres muy joven y estás asumiendo muchas responsabilidades. Sé justo, honesto y bueno." Había sentido mucho la muerte de su madre. Trabajó duro, no quería fallar y se distrajo con el trabajo. Y Dárcio demostró ser un empleado bueno y honesto.

Y allí estaba Luciana, la dulce y dulce Lú, la novia adolescente. Era la novia compañera y comprensiva que no peleaba con él, incluso cuando salía con otras chicas. Estuvo a su lado en tiempos difíciles, ayudándolo con la enfermedad de sus padres, entendiendo cuándo no iba a las reuniones para seguir trabajando.

– Si me hubiera casado con ella, ¡hubiera sido diferente! – Noel habló suavemente, y un hombre que se había sentado a su lado en el autobús preguntó:

– ¿Qué dijo, señor? ¿El autobús es diferente?

– Dije que el viaje está diferente, que está bien – respondió Noel, pensando que tendría que tener cuidado de no hablar más consigo mismo.

– Voy a la siguiente ciudad. Y señor, ¿a dónde va? – Preguntó el hombre que quería hablar

– A la capital. Me voy a dormir, ¡estoy cansado! – Dijo Noel cerrando los ojos y siguió recordando.

Si se hubiera casado con Luciana, no habría funcionado, ella lo amaba, pero él no. Quería su bienestar, eso era todo, pensaba que era una persona excelente, pero tal vez eso no era suficiente. Ella merecía algo mejor, ser amada. "Y se puede llenar un corazón vacío", fue lo que dijo el ama de llaves y también dio un presentimiento: "Luciana es buena, pero muy suave y pasiva, tal vez, si te tratara de manera diferente no actuarías así. La quieres bien, pero si aparece alguien especial, será cambiada." Y apareció.

Un gerente del banco se mudó a la ciudad y en las vacaciones su sobrina lo visitó. La había visto en un pequeño bar. Nádia era hermosa, rubia, con ojos verdes, altos, delgados labios bien dibujados. Los muchachos de la ciudad estaban encantados por ella y él también. Al día siguiente, la conoció en el banco, fueran presentados y la invitó a tomar un helado. Ella aceptó, se quedaran conversando, pasaron una tarde agradable.

Por la noche habló con Dárcio, y él recordó bien lo que había dicho:

"Noel, estoy interesado en Nádia, voy a coquetear con ella y tengo la intención de enamorarla."

"También estoy interesado en ella." – había sido su respuesta.

"¿Y Luciana?" – preguntó Dárcio con asombro.

"Espero que Lú no sea un problema, no estoy casado."

"Creo que ya perdí, Nádia es muy hermosa, pero parecía interesada" – dijo Dárcio.

No le importaba el comentario de su amigo, debía ser envidia, nunca pensó que alguien pudiera estar interesado en lo que tenía y no en él.

Al día siguiente, llamó a Nádia y ella dijo:

"Noel, escuché que tienes novia, no creo que sea correcto salir contigo estando comprometido. ¡Voy a colgar y, por favor, no llames más!"

Colgó y perdió la otra llamada que hizo a continuación. Había estado pensando en ella toda la tarde. Por la noche se encontró con Luciana, ella se enteró el día anterior de que había estado con la otra en la heladería. Discutieron y él aprovechó la oportunidad para separarse. Luciana pensó que era una pelea al azar y él solo pensó en decirle a Nádia que era libre y eso fue lo que hizo cuando llegó a casa. La llamó, dijo que había terminado su relación y Nádia respondió: "Ven aquí ahora, te estoy esperando."

Fue a la casa y comenzaron a encontrarse todos los días y, al final de sus vacaciones, estaban enamorados. Nádia estudió, seguía el segundo año de literatura. Luciana se le acercó y él no la dejó hablar, le dijo que amaba a Nádia y que estaba agradecido de que ella hubiera sido buena con él, pero que él no la amaba. Estaba triste por hacer sufrir a Luciana, pero estaba tan entusiasmado con su nueva novia que no podía pensar en otra cosa. Fue a verla a la ciudad donde vivía, conoció a sus padres, eran personas simples que tenían dificultades financieras y firmó el noviazgo. Cuando él no iba a verla, era ella quien iba a la casa de sus tíos, por lo que siempre se encontraban. La chica hizo todo para complacerlo y él pensó que había encontrado su media naranja. Meses después se comprometieron.

"Noel, le dijo Dárcio, tengo ganas de salir con Luciana. ¿Qué te parece?"

"Ella es una gran persona. ¿Te gusta?"

"Me gusta desde hace mucho tiempo, pero Lú solo te vio a ti. Ahora creo que tengo una oportunidad."

"Luciana y yo estábamos acostumbrados el uno al otro, no nos queríamos. Creo que serán una pareja perfecta" – había alentado a su amigo.

Reformara la casa donde había vivido con sus padres y la amoblara al gusto de Nádia. Se dio cuenta de que a ella le gustaba el lujo, no veía nada negativo al respecto. Ella dejó de estudiar, fijó la fecha de la boda. Fue una hermosa ceremonia para unir a los dos y él estaba muy feliz. En su boda, Dárcio ya estaba saliendo con Luciana y parecían felices.

Comenzó a viajar mucho, a Nádia le gustaba, quería visitar lugares, incluso viajaban al extranjero, incluso se quedaban meses lejos. En su ausencia, Dárcio se ocupaba de todo de manera muy eficiente.

Cuando Nádia quedó embarazada, se alegró mucho. Ella se quejó mucho sobre el embarazo, él era paciente y esperaba ansiosamente el nacimiento del bebé. Gabriel nació, un hermoso niño rubio con ojos azules. Fue entonces cuando se sintió un poco decepcionado con su esposa. No era una buena madre, quería seguir viajando, salir de casa y dejar al niño con niñeras. Discutieron, aunque él seguía amándola demasiado, sus defectos comenzaran a molestarlo. Nádia era vanidosa, ambiciosa, le gustaba presumir. Él quería otros hijos, ella no. Dárcio se casó con Luciana, su amiga estaba feliz.

Nádia se quejaba cada vez más y era raro un día que no discutieran. Amaba demasiado a su hijo, un niño inteligente, sensible y muy apegado a él.

Una tarde, cuando él y Dárcio estaban solos, el amigo había preguntado:

"Noel, ¿estás bien? ¿Tú y Nádia están bien?" "A veces peleamos, pero todo está bien. ¿Por qué?"

Miró a Dárcio y sintió que quería decirle algo, lo había sentido por un tiempo, quería hablar con él y no tenía el coraje. Decidió explicar.

"Dárcio, amigo mío, ¡dime lo que tienes que decir! ¡Por favor!"

"Noel, ¿recuerdas a Carlos, el dueño de una tienda de deportes?"

"Sé quién es Carlos, éramos amigos cuando éramos jóvenes, pero no nos llevábamos bien, era arrogante y una vez que peleamos por Luciana. Ten cuidado, Dárcio, ya quería salir con Lú", respondió, tratando de sonreír.

"Cuídate tú. Noel, ¡él quiere salir con Nádia!" – exclamó Dárcio hablando rápidamente. "¡Listo, lo dije! Disculpa, amigo mío, pero todos hablan en la ciudad. Carlos ha estado coqueteando con tu esposa e incluso la ha visitado en tu casa, en tu ausencia."

Recordó que se había sentado en el sillón, había bebido agua de la jarra que estaba sobre su escritorio, había estado ajeno por un momento y luego dijo en voz baja:

"¡Dime todo lo que sabes, Dárcio!"

No tenía mucho que decir. Carlos y Nádia se encontraban y todos lo sabían.

Regresó a casa, encontró a Nádia sola, la niñera había salido a caminar con Gabriel, que había cumplido tres años la semana anterior.

"Nádia, ¿qué está pasando? Me dijeron que has estado viendo a Carlos", había dicho con la esperanza de que ella lo desmintiese, lo negara y dijera que lo amaba.

"Nuestro matrimonio fue un fracaso, un error. ¡Quiero la separación!" ella respondió con frialdad.

Noel sintió que iba a desmayarse, luchó por parecer natural.

"Tú y Carlos..."

"Estamos saliendo, lo amo, quiero estar con Carlos."

"Gabriel se queda conmigo" – fue la respuesta.

"¡Nunca! Soy la madre y tengo derecho. ¡Me quedo con mi hijo!"

"¡Nuestro!"

"¡Nuestro! ¡Por eso tendrás que mantenerlo!" gritó Nadia exaltada. Había ido a su habitación como un autómata, agarró una maleta, metió algo de ropa dentro y fue a la fábrica. Pidió limpiar el departamento donde estaba su padre cuando peleó con su madre y se quedó allí.

Fue un período difícil para él, que sufrió mucho. Solo entonces se dio cuenta de que Nádia nunca lo había amado, se casó con él por el dinero. Era la persona más rica de la ciudad y le resultaba fácil ganárselo. Nunca le había negado nada a su esposa, que gastaba mucho en ropa, joyas. También ayudó a todos en su familia, les dio a sus suegros un subsidio generoso. Lamentaba descubrir que nunca había sido amado.

La noticia fue el principal chisme durante semanas en la ciudad. Ser traicionado no es fácil. Donde quiera que fuera, parecía que todos comentaban que había un esposo traicionado y engañado.

Siempre iba a ver a su hijo, la niñera llevaba a Gabriel a la fábrica o a la plaza cerca de la casa que había pertenecido a sus padres, donde Nádia seguía viviendo.

Nádia quería dinero, no quería dar nada. Iba a pagarle a la niñera y darle ropa a Gabriel. Él dejó de enviar dinero a su familia.

Discutían cada vez que se encontraban, ella quería la separación, él no se negaba a dar solo que Nádia quería dinero, bienes, quería salir del matrimonio financieramente, él no quería dar nada y quería quedarse con su hijo.

Pasaron cinco meses sin llegar a un acuerdo. Discutieron mucho cuando se encontraban o incluso por teléfono. Carlos se mudó con Nádia. Había sufrido mucho, la casa que había sido de sus padres ahora era el nido de amor de su ex esposa con otro hombre. Todavía amaba a Nádia y la recuperaría si ella lo quería, pero la ex esposa parecía estar enamorada de Carlos.

Se consoló con su hijo, Gabriel no entendió la situación y le pidió a su padre que regresara a casa.

Nadia lo llamó un día y pidió reunirse con él en la oficina de un abogado. Él fue y por primera vez la vio como realmente era: fría, calculadora, quería hablar de dinero.

"Quiero la separación. Noel, y la mitad de tus bienes." "¿La mitad?" – había preguntado con asombro.

"Estamos casados, o lo estábamos, ¡quiero lo que tengo derecho!"

"No es así, Nádia. ¡Nunca te daré la mitad! Incluso puedo darte algo a cambio de la custodia de Gabriel."

"¡Quiero lo que tengo derecho!" – ella exclamó en voz alta.

Discutieron y se fueron sin llegar a un acuerdo. Resolvió que no le daría nada, que no se separaría y que quería a Gabriel. Decidió consultar a un bufete de abogados recomendado como el mejor de la capital.

El dolor de la decepción fue grande y sufrió. Y luego ocurrió el accidente.

Carlos salió del garaje y atropelló a Gabriel, quien no se sabe por qué, estaba debajo del vehículo. El niño fue rescatado y falleció en el hospital. Noel había sentido tanto dolor que algo pareció estallar dentro de su pecho.

Dárcio organizó todo. Estaba despierto cuando Nádia llegó llorando.

"¡No llores! ¡Nunca fuiste una buena madre! Nunca lo cuidaste, la niñera era mucho más madre que tú. ¡Murió asesinado por tu amante! ¡Amante!"

Dárcio lo calmó alejándolo de la habitación.

"No toleraré ver a Nádia cerca del ataúd, Dárcio, no lo haré." "¡Ella es la madre, Noel! ¡Cálmate, por favor!"

Al regresar al funeral, Dárcio no se apartó de su lado, confortándolo, consolándolo. Todos lo saludaron y pocas personas le dieron sus condolencias a Nádia. Quería decirle muchas ofensas, gritar su odio, Dárcio lo detuvo. En un momento en que no había mucha gente, había dicho:

"¿Satisfecha, Nádia? No querías dejar a nuestro hijo conmigo y ustedes dos lo mataron."

"¡Fue un accidente!" ella exclamó.

"¡Que este asesino no venga aquí, de lo contrario lo mataré!" – exclamó con tanto odio que Nadia se estremeció.

Escuché que Carlos salió del garaje, atropelló a Gabriel y se fue. La niñera que vio todo gritó y un vecino lo llevó al hospital.

Después del funeral, fue a su departamento en la fábrica y se quedó solo. Se sentó en la cama, sufrió mucho y las lágrimas comenzaron a correr por su rostro. Se sintió abrazado y pensó en su madre:

"Mami, ¿dónde estás? ¡Te extraño! Ya he perdido mucho, todos los que amaba, tú, papá y ahora Gabriel, ¡la muerte está a mi alrededor, pero no me lleva! ¡Ojalá estuvieras aquí a mi lado!."

Parecía escuchar a sus padres pelear. Se mareó, sintió que todo iba, era como en su juventud, cuando presenció sus peleas. Los recuerdos de estas discusiones se hicieron fuertes, sintió que los dos estaban allí con él, gritándose el uno al otro, no entendió bien que solo hablaban de que estaban ofendidos; parecía que la madre acusó al padre, tanto por haber muerto y por no poder estar con él como por más cosas. Se levantó, golpeó el tocador, pateó los muebles y gritó:

"¡Alto! ¡Por el amor de Dios, deténganse!"

Silencio Todo volvió a la calma, solo escuchó sus sollozos. Se sentó de nuevo en la cama. Se sentía débil, no había comido ese día y no tenía hambre, lloró durante horas. Tomó una decisión: se iría. Decidió viajar, pensó en ir a Europa, desistió, quería estar solo y optó por una isla. Estaba seguro de una cosa: odiaba a Nádia y Carlos, ahora eran sus enemigos, les daría una pequeña muestra de su rencor, ahora, de inmediato, y planearía una gran venganza. Porque todo lo que se planifica con calma es mejor. Cuando logró dormir, ya era tarde, tuvo un sueño inquieto, se despertó, se dio cuenta de que ni siquiera se había cambiado de ropa, se duchó, tomó café y comenzó a trabajar frenéticamente, a organizar todo.

"¿Qué estás haciendo, Noel? ¿Trabajando tan temprano? ¿Puedo saber qué está pasando?" – preguntó Dárcio.

"Puedes y deberías, porque serás tú quien hará todo de ahora en adelante. Viajaré lejos por mucho tiempo, no tengo fecha para regresar y tú te encargarás de todo."

"Creo que será muy bueno para ti viajar. Me encargaré de todo mientras estés fuera. Mañana está programada la visita de ese abogado de la capital, él vendrá a organizar tu separación. ¿Debería cancelar?" – preguntó Dárcio.

"¡No! Lo recibiré, hay muchas cosas que debe hacer."

"¿Qué debo hacer en tu ausencia?" – preguntó Dárcio.

"Haré un poder notarial dándote todos los poderes para resolver todo en la fábrica, será bajo tu responsabilidad."

"Noel, no quiero chismear, pero tengo que contarte todo lo que escuché. Carlos ha estado maltratando a tu perro y Nádia está embarazada."

"Tenía tantas ganas de tener otro hijo... y ella no. Creo que ya había planeado la separación y que me había estado engañando durante mucho tiempo. Los odio a ambos y me vengaré. Recibirán de vuelta todo el daño que me hicieron. Nádia debe haberse casado conmigo por interés, siempre me engañó. Si ella quería mi dinero, no lo tendrá. Haré lo siguiente: no pague más por el agua o la energía de la casa y deje que corten por falta de pago. Haz un contrato para la casa, como si yo alquilara esa casa de la fábrica y la amoblara. Este contrato debe ser a partir de la fecha de mi boda. Y que no he pagado el alquiler en meses. Solicite desalojo por falta de pago. El contrato de arrendamiento debe ser muy costoso. Pagan o serán desalojados, y recuerda: todos los artículos del hogar pertenecen a la fábrica. ¿Entonces Carlos ha estado maltratando a Bob? Mi viejo perrito es un animal amable y educado. Ahora lo recogeré."

"Noel, Carlos dio testimonio, dijo que no vio a Gabriel, que todo fue un accidente" – dijo Dárcio.

"Creo que lo fue, pero eso no disminuye mi odio."

Se había ido a su antigua casa, sintió una opresión cuando vio el garaje. Sonó el timbre, la criada, la ex niñera de Gabriel, respondió, se puso blanca y comenzó a temblar cuando lo vio. Él dijo apresuradamente:

"Señor Noel, ¡no fue mi culpa! Doña Nádia me dijo que hiciera el almuerzo, descuidé a Gabriel por un segundo y..."

"¡Quiero a Bob, tráemelo aquí y ahora!" – ordenó, interrumpiéndola.

La niñera intentó hacer lo que le pidió, entró y regresó rápidamente con Bob con una correa. Levantó al perro, que saltó sobre él, moviendo alegremente la cola. Se volvió hacia la niñera y dijo:

"No creo que sea tu culpa, si lo hiciera, sin duda te arrepentirías mucho. Ya no te pagaré tu salario." Salió, subió al auto, puso a Bob en el asiento trasero y volvió a la fábrica, no fue hasta que llegó que abrazó a Bob y lloró. El perro parecía entender la tristeza de su dueño, se quedó callado, ocasionalmente lamiéndole la mano.

Entró en la fábrica con Bob, encontró a Luciana en la oficina. "Noel, vine a ver si me necesitas. ¡Bob! ¡Perro inteligente! ¿Cómo estás?"

"Escuché que Carlos estaba maltratando a Bob, así que fui a buscarlo."

"¡No me ha olvidado!" exclamó Luciana. Bob saltó sobre ella lamiéndole las manos.

"Ya está viejo. No sé qué voy a hacer con él, pero con Nádia mi perro no se queda."

"Dárcio me dijo que ibas a viajar. Creo que es lo mejor que tienes que hacer. Me quedo con Bob, lo llevo a casa. Dárcio y yo nos encargaremos de él."

En esto Dárcio entró a la oficina y confirmó:

"Noel, deja a Bob con nosotros, nos gustan los perros, lo cuidaremos bien."

"Ni siquiera sé cómo agradecerte. Confío a Bob contigo." Y Luciana se lo había llevado.

Dejó de pensar y miró por la ventana el paisaje. Noel terminó durmiendo, el ruido monótono del autobús lo adormeció.

Soñaba con Nádia, que viajaba en barco. Era muy hermosa, estaban en la piscina, en un día despejado, caluroso, Nádia saltó al agua, le pidió que se sumergiera y le arrojó agua. El autobús se sacudió. Noel se despertó asustado, saltó. Un niño que estaba sentado a su lado se rio a carcajadas.

– ¡Caramba! ¡Se asustó! No pasó nada, creo que fue un agujero en la pista, hay muchos por aquí.

Noel también se rio. Se acordó del sueño. Había sido orgulloso en el pasado, pensó que era imposible no ser amado, amaba y estaba seguro de que también lo era. No entendía que Nádia era egoísta, tal vez ella incluso trató de amarlo. Pero se puede llenar un corazón vacío y encontró a Carlos.

Fue feliz con ella, no podía negarlo. Al comienzo del matrimonio pasaran buenos momentos juntos, hicieron muchos viajes agradables. Él suspiro.

– Disculpe si me reí de usted, es que fue gracioso que el salto que dio y el susto que llevara. ¿No quiere comer ¿Acepta una galleta? – ofreció el chico riendo.

– ¡No, gracias!

– No tengo hambre, mamá compró mucho para comer en el viaje. ¡Tómelo! – habló el chico gentilmente.

Noel recibió un dulce, le agradeció y el niño comenzó a hablar. Escuchó pacientemente, ocasionalmente dando una opinión. El niño bajó rápidamente y Noel estaba solo en el asiento, se durmió nuevamente, estaba cansado y ansioso por llegar pronto.

<u>EL VIAJE</u>

Noel se despertó cuando llegó a su destino, tenía hambre, pero fue primero a revisar los horarios de los autobuses. Tendría que ir a su capital estatal y luego tomar otra para su ciudad. Estaba decepcionado, solo podía continuar viajando el otro día por la mañana. Compró el boleto.

"No tengo motivos para aburrirme", pensó, "este medio de transporte sirve a varios pasajeros y las horas de salida deben estar de acuerdo con el movimiento. Haría esta misma ruta en la mitad del tiempo, si fuera en automóvil. Yo, que nunca antes tuve que preocuparme por los horarios de viaje." Miró a la estación de autobuses, era grande y muy ocupada.

"Son muchas personas yendo y viniendo y creo que muchos tienen problemas. Siempre hay razones para viajar, viajes, negocios, hay salidas tristes y retornos felices", pensó y suspiró.

Pasó una señora con dos maletas, un bebé y un niño pequeño. Noel iba a ofrecer ayuda cuando un caballero se acercó y el niño gritó: "¡Papá!." Él se estremeció.

– ¡Qué bueno que te llamen así! ¡Tendré que quedarme en un hotel! – exclamó suavemente.

Una mujer lo miró. Noel sonrió y decidió tratar de no hablar más consigo mismo.

"Voy a buscar un buen hotel, ducharme, cambiarme de ropa y cenar. No, voy a comer primero, tengo hambre", decidió. Entró en un buen restaurante, el camarero que lo atendió habló cortésmente:

– Señor, este restaurante es caro, quiero decir, la comida es excelente y cuesta más. Quizás prefiera ir a otro, a la vuelta de la esquina hay uno más popular.

Noel se miró en un gran espejo en la pared, su ropa era demasiado simple y, con esa larga barba, no parecía alguien que tiene dinero para una mejor comida. Él respondió con calma:

– Pagar por adelantado. Aquí está. ¿Alcanza?

– Claro, señor, ¡discúlpeme!

– Todo bien. Comió con apetito.

"Si busco un buen hotel con este aspecto, no me aceptarán y no creo que deba llegar a mi ciudad así", pensó.

Salió del restaurante y entró en una barbería, la primera que vio, se cortó el pelo y se afeitó la barba. Luego fue a una tienda de ropa para hombres y compró pantalones y una camisa. Salió vestido con ellos. Le dio su ropa vieja a un mendigo, entró en una tienda de relojes, compró un reloj y se fue a un hotel. Se alojó sin problemas.

"Cómo la apariencia abre puertas", pensó. "No hubiera podido quedarme aquí horas antes, con esa barba y ropa sencilla, ahora, bien vestido, ni siquiera tenía que pagar por adelantado."

Al día siguiente fue temprano a la estación de autobuses y pronto se fue. El viaje fue largo, Noel se sentó junto a la ventana y observó el camino recorrido, vio los barrios bajos en las afueras, lamentaba ver esas chozas y ciertamente era un espacio pequeño para muchas personas. Se quedó mucho tiempo mirando la carretera, el campo, los cultivos, el ganado. Muchas personas se sentaron a su lado, habló con algunas, pero prefirió estar más tranquilas. El autobús hizo muchas paradas, Noel se bajó, comió poco, tomó más líquido, hacía mucho calor y el viaje fue agotador y nuevamente comenzó a recordar.

Dárcio, su amigo, era una persona buena, agradable, optimista, alegre, alta, con ojos expresivos.

"¡Creo que Dárcio nació para ser político!", pensó.

Recordó que, al día siguiente, él ya había proporcionado lo que había pedido y dijo:

"Noel, hice todo lo que me recomendó. La orden de desalojo ya ha sido arreglada."

"No podrán pagar y solo tendrán que mudarse de allí, de la casa donde vivía con mis padres. ¿Tú, Dárcio, no quieres vivir allí?"

"No, tenemos nuestra casa, es más pequeña y mucho más simple, pero nos gusta. Te agradezco" – había respondido Dárcio. "Cuando se muden, quiero que alguien lo revise, quiero un alguacil si es posible para que no se lleven nada. Trae los muebles y electrodomésticos a nuestra tienda, aquí en la fábrica, y véndalos bastante baratos. No quiero nada de eso. Y todo lo que perteneció a Gabriel, lo envías al orfanato."

Había una tienda en la fábrica, donde vendían telas defectuosas y los empleados podían traer cualquier cosa que quisieran negociar.

El día había pasado rápidamente. Noel quería organizar todo. Cuando llegó el abogado de la capital, lo recibió solo. "Lo siento, vino por una cosa y voy a pedirle que haga otra. Voy a viajar y quiero darle a mi abogado y empleado Dárcio un poder notarial para que pueda administrar todos mis activos, y tengo la intención de hacer un testamento."

Se quedaran conversando por horas.

"Me llevará días hacer todo esto", dijo el abogado.

"Tiene que ser rápido. Le pago el doble para hacerlo lo antes posible."

Y el ambicioso profesional trató de ser rápido. Dárcio lo miró y le habló, aconsejándole: "¡Noel, ya has tenido suficiente venganza!"

"¡Esto no es suficiente, Dárcio! Si Nádia se casó conmigo por interés, es justo que ella no reciba nada. Simplemente no me vengaré de la niñera, porque ella me lo dijo, y creí que en el momento del accidente estaba en la cocina haciendo otra cosa y le pagué para que cuidara a Gabriel. No voy a acusarla, pero a Carlos sí. El abogado presentará una queja, ciertamente no llegará a nada, no será condenado, pero le dará preocupaciones, tendrá que defenderse, gastar en abogados. No quiero que sigan viviendo en esa casa, que disfruten de la comodidad, los muebles caros que eligió Nádia y que compré solo para complacerla. Ellos no merecen mi clemencia, hasta maltrataron al pobrecito de Bob, mi perrito que yo siempre quise y que está viejo."

Fue en contra de su voluntad que tuvo que quedarse unos días más, quería viajar, salir pronto de la ciudad. No salió de la fábrica, no respondió llamadas y evitó que Nádia ingresara a la fábrica. El salario de Dárcio se triplicó.

"Noel, no hagas esto, ¡es mucho dinero!" – exclamó amigo.

"He visto a muchos quejarse de ganar poco, pero creo que es el primero que lo hace por ganar mucho. ¡Es justo y es lo que quiero!"

Llamó a la secretaria y le dio la orden:

"Doña Alzira, quiero que compre algunos artículos deportivos, como pelotas, raquetas, camisetas y póngalos en nuestra tienda para venderlos al costo. Quiero que compre esta cantidad por mes, durante cinco meses."

"¿Dónde compro?" preguntó la secretaria.

"En fábricas, representantes, busca. ¡Doña Alzira, y haga una buena compra!"

"Noel, vas a llevar a la bancarrota a Carlos" – dijo Dárcio. "Se merece esto y más, Nádia gasta mucho dinero y ella sentirá por vivir con menos. Después, mi amigo, gasté mucho en ella, y lo que estoy haciendo es la mitad de lo que Nádia pagó por ropa y peluquería."

Reunió a los empleados y dio un discurso de despedida y un poco más de venganza por ser la víctima.

"Mis amigos, empleados, algunos aquí me vieron nacer, crecer, somos una familia. Voy a viajar, estaré lejos por mucho tiempo. Me voy. Dejo para cuidar de todo, a Dárcio y a ustedes. Y para esto, al aumentar sus responsabilidades, tendrán un aumento de salario." Hizo una pausa, todos estaban felices, el aumento fue excelente, y luego continuó: "Ustedes, mis compañeros, saben lo que me pasó. No piensen que no me da vergüenza hablar, sí, me da vergüenza, pero con amigos, tengo un mayor deseo de desahogarme. Fui traicionado, mi hijo muerto. ¿Accidente o asesinato? ¡Sufrí mucho, estoy sufriendo mucho! Pero Dios me hará justicia, porque tengo amigos que me defienden."

Y continuó su discurso diciéndoles que Nádia se casó por interés, que la niñera que pagó para cuidar a su hijo, al mando de la ex esposa, hizo otro trabajo en el momento del accidente. Que ellos, la ex esposa y el amante, querían todo lo que era suyo, que heredó de su padre, y que aprendió que, si esto sucedía, lo primero que harían sería despedir a todos los empleados. Y habló por un tiempo, moviendo a todos, porque, como buen jefe, era amado y respetado. Muchos empleados lloraran.

Al regresar a la oficina, Dárcio había preguntado: "¿Crees que Carlos mató a tu hijo?"

"No. Gabriel era para ellos la gallina de los huevos de oro, por mi hijo, iban a sacarme mucho dinero. Vivirían en esa mansión a mis costas y, para no tener muchas peleas, cedería a muchas cosas. Nádia estaría bien con la separación, lo que no sucederá ahora. Voy a viajar y conmigo ausente no

habrá separación y ella no podrá casarse con Carlos.
Al no tener hijos, Nádia no tendrá una pensión.
Dentro de poco, el abogado vendrá y firmaré mi
testamento, casado con ella, que seguirá siendo mi
esposa por ahora, luego, cuando regrese, decidiré
qué hacer."

"Noel, ya han recibido la citación y deberán
abandonar la casa por falta de pago. Carlos incluso
consultó a un abogado. Ayer Luciana y yo fuimos a
la misa del séptimo día de Gabriel, la iglesia estaba
abarrotada, fue una pena que no fueras. Nádia y
Carlos estaban allí y fueron tratados con desprecio,
la gente del pueblo los encontró culpables y
chismean, están sintiendo la calumnia, y después de
lo que le dijiste a los empleados, no dudo que sean
tratados como delincuentes. ¡Puedes sentirte
vengado!"

"¡Pues, no lo siento! Nádia destruyó mi vida
y voy a terminar con las de ellos. Una buena
venganza requiere planificación, mi odio me
sostendrá y sabré cómo vengarme. Todavía no he
hecho nada."

"No dejes que el dolor te destruya, amigo
mío. Eres joven, atractivo, inteligente, puedes
formar otra familia, tener otros hijos y seguramente
sabrás elegir mejor a la próxima esposa."

"Incluso puedo hacer esto algún día, no
ahora."

"Mandaste a hacer un testamento. ¿Por qué? – Preguntó Dárcio."

"Si muriera, Nádia heredaría todo porque es mi esposa y por no tener parientes cercanos. Separándome de ella, tendré que darle mucho dinero. No quiero ni una cosa ni la otra. Planeamos el abogado y yo, e hicimos un testamento bien hecho. No quiero morir, pero si esto sucede, se sorprenderá. Y si me caso de nuevo, cancelo este y hago otro."

"Trata de estar bien. Noel, ¡no quiero que sufras!"

"Gracias, Dárcio, pero es imposible no sufrir, amaba a Gabriel, él fue todo para mí. ¡Nádia y Carlos me destruyeron!" – exclamó enojado.

El abogado hizo el testamento muy bien, la fábrica de telas, así como la tierra a su alrededor, con su muerte, serían una fundación y los empleados, los propietarios, bajo la presidencia de Dárcio. Nádia tendría la casa donde vivían y dos apartamentos.

Con todo en orden, había programado su partida para el día siguiente. Fue a despedirse de Bob. Luciana lo recibió con cariño. Su perro estaba limpio y Noel lo encontró feliz. "Lo llevé al veterinario, está bien" – dijo Luciana. "¡Gracias, Lú!"

"Lo cuidaremos bien, ten la seguridad."

"Lo estaré, sé que Bob estará muy bien atendido. Gracias y que seas muy feliz con Dárcio. Ustedes son geniales y se merecen el uno al otro." Los abrazó y se despidió.

Un empleado lo llevó a la capital, alquiló un avión que lo llevó cerca de la isla y tomó un bote. Había comprado todo lo que necesitaba para quedarse allí y llegó a la cabaña. Los habitantes de la región estaban sorprendidos por su presencia, pero como eran hospitalarios, hablaron con él y con el tiempo se hicieron amigos.

Y de Dárcio recibía noticias de la fábrica, de amigos y de Nádia. Carlos y ella tuvieron que mudarse dejando todo. La ex esposa se enfureció al saber que los muebles y electrodomésticos se vendían a un precio barato. La casa fue alquilada y se fueron a vivir a un pequeño departamento. Carlos no ayudó a su familia, y estaban en contra de ellos. Y Nádia ya no salió de la casa por ser despreciada incluso por sus colegas que se convirtieron en ex amigos. Carlos estuvo en bancarrota porque sus clientes desaparecieron de su tienda. Con el tiempo, volvió a la normalidad, Nádia tuvo dos hijos, dos niños. Dárcio y Luciana tuvieron un par de hijos y Bob murió de vejez. Y a la fábrica le estaba yendo bien, obteniendo buenas ganancias. Dárcio estaba contento con la noticia de su regreso, era concejal y quería ser candidato a alcalde.

"¡Dárcio alcalde!" – Pensó riéndose.

Noel miró a su alrededor, nadie le prestó atención, los pasajeros estaban somnolientos. El viaje fue agotador y miró su reloj varias veces.

"Seré un esclavo del horario nuevamente. Ese es el precio que pago por el retorno."

Llegó a su destino a las once de la noche en punto y fue a un hotel, lo que pensó que era mejor allí cerca de la estación de autobuses. Estaba muy cansado y quería dormir, se dio una larga ducha y le pareció delicioso estirar las piernas. Pronto se durmió y se despertó a las diez en punto el otro día. Después del desayuno, fue a la estación de autobuses, no tuvo que esperar mucho: a la una estaba en el autobús rumbo a su ciudad natal. Se sentía ansioso, había cambiado años en la isla y la había cambiado para mejor. Al principio pensó en venganza. Él planeó mucha venganza, pensó en secuestrar uno de sus hijos y desaparecer con el niño, había muchos males que pensó en detalle, planeó. Pero el odio pasó y también las ideas de venganza. Fue muy bueno leer los libros espíritas, la Doctrina de Allan Kardec le hizo comprender las enseñanzas de Jesús. Y sentir la presencia de Gabriel, su hijo, contribuyó a su cambio. Volvería de otra manera, Nádia y Carlos no deben temer, no los dañaría.

Sintió la manita de su hijo sobre la suya.

"¡Mi pequeño, te amo!" – Pensó y prestó atención para no hablar.

"Esto es lo que quieres, ¿no? Que no tenga más enemigos. No quiero vengarme nunca más. ¡Perdoné!"

La sensación de la mano pequeña sobre la suya desapareció, ya no sentía más al hijo, pero estaba seguro de que Gabriel estaba con él.

Miraba por la ventana, conocía toda la región, viajara mucho y siempre usaba ese camino. De niño iba a la capital con sus padres o madre, después de joven se fue solo con el conductor de la fábrica, cuando obtuvo la licencia lo hizo solo o con amigos. Conocía cada metro de la carretera y todo era igual. Vio una granja, esas tierras pertenecían a su padre, cuando era un niño. Aprendió a montar cuando aun era niño y cabalgaba por los alrededores. Vio, con nostalgia, la casa donde pasaba los fines de semana con sus padres. Extrañaba mucho a sus padres.

"¿Dónde estarían? ¿Estarían bien?" – se preguntó pensando.

Recordó que un día, cuando sintió a Gabriel, le preguntó acerca de sus padres y el hijo respondió:

"Están juntos y aprendiendo a vivir sin el cuerpo físico."

Noel suspiró: "Desearía que mamá estuviera conmigo, que pasara sus manos sobre mi cabello, me besara y dijera:

– "¡Esto pasa, hijo, todo pasa!"

Y él sabía que pasaría. Los momentos difíciles nos dan la impresión de tomar más tiempo, los felices, de volar. Simplemente no pasa la tranquilidad del bien logrado.

Viajar en autobús le daba una sensación diferente, podía mirar a su alrededor, observar todo y recordar. El autobús dio la vuelta. Llegaron a la ciudad, el corazón de Noel se aceleró, miró todo.

– ¡Todo cambia la ciudad también! – exclamó él.

Un caballero que estaba a su lado dijo:

– Usted tiene razón. Esta ciudad ha crecido mucho y es muy hermosa. ¿Hace cuánto tiempo que no viene aquí?

– Unos cinco años – respondió.

– ¡Encontrará muchas cosas diferentes! – dijo el Señor

El vehículo se detuvo. Noel bajó, su corazón todavía estaba acelerado. Nunca había estado en la estación de autobuses de su ciudad, lo encontró limpio y lleno de gente. Estaba emocionado, tenía que respirar constantemente y se esforzó para tranquilizarse. Permaneció allí durante minutos junto al autobús, sintiéndose más tranquilo, observando todo. Vio a un viejo compañero de escuela, que se apresuró a pasar junto a él, no lo reconoció, no le prestó atención. Recordó que tuvo una pelea con él, se agredieron, porque lo llamó Papá Noel.

"Incluso hoy no entiendo por qué mis padres me dieron este nombre. Dijeron que era porque mamá no estaba embarazada y, como broma, dijo que iba a pedirle a Papá Noel un hijo como regalo y, casualmente, quedó embarazada y cómo mi padre había dicho que le gustaba el nombre Noel, cuando nací, pusieron el nombre del viejo legendario que solo trae alegría. Voy a dejar de pensar, basta de recordar. Si me quedo aquí llamaré la atención. Llamaré a Dárcio para que venga a buscarme Si tomo un taxi, difícilmente entraré en la fábrica, si fuese un nuevo empleado no me reconoce y, si fuera antiguo, se sorprenderá y dudará de que seas el propietario. ¿Llamar? Voy a comprar una ficha.

Pero primero fue al baño. Estaba tan ansioso que estaba temblando. Luego llamó a su amigo.

– Dárcio, estoy aquí en la estación de buses. ¿Me puedes recoger?

– Estaré allí en minutos, espérame.

Se paró en la acera, esperó diez minutos, que parecieran horas.

"No puedo olvidar que me sorprenderé, tendré que adaptarme nuevamente. Me encantará todo. Estaré feliz de estar en casa. No debo estar ansioso, pero lo estoy, quiero volver a ver la fábrica."

Vio a Dárcio, salió de un automóvil importado, era muy elegante, estaba bien vestido.

"Está como siempre, soy yo que está vestido con sencillez."

– ¡Noel! ¡Noel! – gritó Dárcio corriendo a su encuentro.

– ¡Dárcio! – Se abrazaran.

– ¡Sé bienvenido, amigo!

<u>EL REGRESO</u>

Le gustó el auto de Dárcio, entró, observó y comentó:

– ¡Lindo tu auto! ¿Es nuevo?

– ¿No reconoces este modelo? Creo, mi amigo, que necesitarás conocer los últimos eventos y noticias. Esa isla no tiene nada de esto – respondió Dárcio riendo.

– No olvides que acordamos no hablar nada sobre dónde estaba. El período que permanecí alejado fue muy importante para mí. Llévame a la fábrica.

– Noel, ¿estás seguro de que no quieres quedarte en casa? Luciana y yo estaremos encantados de darle la bienvenida. No conoces a mis dos hijos, el niño es tan listo como yo y la niña es tan hermosa como la madre.

– Pronto nos veremos, te visitaré. Dárcio, ¿estás contento con Lú? preguntó Noel.

– Amo a mi esposa, coincidimos mucho y vivimos bien – respondió Dárcio.

– Tengo muchas ganas de volver a ver la fábrica y tengo muchas ganas de quedarme en mi antiguo apartamento.

Llegaran. Noel estaba emocionado.

– ¡Quiero amar sin apego! – exclamó él.

– ¿Cómo es eso? – Preguntó Dárcio.

– Que te guste todo sin estar poseído, amar sin estar apegado a lo que amas – respondió Noel.

Dárcio se rio, no entendió y pensó:

"Esperemos que Noel no esté desequilibrado o fanático."

El vigilante vino a abrir la puerta, reconociendo el auto de Dárcio, miró para examinar al compañero.

– ¡Buenas noches, Juan! Este es su jefe, señor Noel – dijo Dárcio.

El guardia ni siquiera logró responder al saludo, rápidamente abrió la puerta. Entraron al patio.

– No le dije a nadie que solo ibas a llegar a Lú. ¡Será una buena sorpresa! – exclamó Dárcio, riendo.

Noel bajó, caminó por el patio mirando todo.

– Tuve que hacer algunos cambios, el progreso exigió, nos expandimos, tenemos máquinas nuevas y modernas. Pero tu apartamento está como lo dejaste.

Abrió la puerta del apartamento, el primer objeto que Noel vio fue un gran cuadro con la foto de su hijo. Miró la fotografía durante mucho tiempo.

– Buenas noches, Dárcio. Gracias por todo.

– ¿Quieres que me vaya? Pensé que íbamos a hablar – dijo Dárcio.

– Mañana hablaremos. Si no importa, quiero estar solo.

– ¡Buenas noches! Si necesitas algo, llámame. Mañana por la mañana estaré aquí – dijo Dárcio y se fue.

Cuando Noel escuchó el sonido del auto alejándose, Noel escaneó la habitación. Su ropa estaba limpia y planchada en el armario. Abrió un cajón y allí estaba su reloj caro, enchapado en oro y una llave, lo tomó y abrió un cajón, había varios documentos.

"Todo parece estar en orden. ¡Como si hubiese viajado ayer!" – él observó.

Abrió la bolsa que había traído, recogió sus libros y los colocó en la cómoda junto a la foto de su hijo. Se sentó en la cama y dijo una oración agradeciéndole el buen viaje y pidiéndole a Dios que permita que los buenos espíritus lo guíen.

No tenía sueño, salió a caminar por la fábrica, el guardia se acercó:

"¿Quiere que lo acompañe, señor Noel?" No me conoce, no trabajaba aquí cuando se fue. Soy el hijo de Manuel, mi padre todavía trabaja aquí, hace veinticinco años. ¿Se acuerda de él? No tiene el pulgar de su mano derecha y...

– Por supuesto que lo recuerdo y me alegro de que él todavía esté aquí con nosotros. Gracias, Juan, no necesito nada, solo quiero ver la fábrica, encenderé algunas luces y luego las apagaré. Regrese a su puesto, prefiero caminar solo.

Juan sonrió y volvió cerca del portón. Noel caminó lentamente. De todos los lugares de la fábrica tenía un recuerdo. "Mira, hijo mío, ¡esta máquina es un fenómeno!"

Parecía haber escuchado a su padre hablarle con afecto.

"No quiero recordar, solo mirar, he recordado mucho. El pasado ha terminado, quiero vivir en el presente y hacer planes para el futuro."

Recorrió toda la fábrica, simplemente no fue a la oficina.

Se fue a la cama tarde y tardó mucho en dormir. Se despertó con el ruido de los primeros empleados que llegaban, se cambió rápidamente de ropa, guardó uno de las viejas en el armario y fue a la oficina.

– Dárcio, envía a alguien a traer café, por favor. Luego reúne a todos los empleados en el patio.

Y luego Noel estaba delante de los empleados.

– Noel, nuestro personal ha aumentado mucho – dijo Dárcio.

– ¡La fábrica ha progresado con tu administración! – Exclamó Noel.

Noel recordó su discurso de despedida, cuando habló con resentimiento y odio, decidió ser breve en esto.

– ¡Compañeros de trabajo! Es un gran placer ver a muchos de ustedes y conocer nuevos empleados. Estuve ausente por mucho tiempo y regresé encontrando todo bien. Quiero agradecerles. ¡Muchas gracias!

– ¿Vas a decir solo eso? – Preguntó Dárcio –. ¡Qué discurso tan rápido! –. Noel fue a abrazar a sus antiguos empleados, había conocido a algunos desde que era niño. Luego fue a la oficina. Dárcio vino y preguntó:

– ¿Dónde quieres comenzar, Noel? ¿Qué quieres ver primero?

– La Contabilidad – respondió.

Pasó el día mirando papeles, almorzó en el comedor de la fábrica. Por la noche estaba cansado.

– Detengámonos, Dárcio, no me acostumbro más a este trabajo, cierro los ojos y veo papeles y más papeles. Tú, mi amigo, te ocupaste de todo muy bien. Gracias

– Por el sueldo que recibo, tuve que hacer lo mejor. Te agradezco la confianza Noel.

Durante cuatro días, Noel se quedó en la fábrica sin salir, lo comprobó todo. Al principio, tenía un poco de miedo de encontrar alguna irregularidad. Luego se alegró, porque Dárcio era realmente muy honesto, fiel y competente.

Comía en la cafetería, les pedía que prepararan mucha ensalada de verduras y legumbres frescas y pescado tres veces por semana. En esos años no había comido más carne que pescado y decidió no comer más carne. Le pidió a la secretaria que recogiera libros sobre animales de la Biblioteca Municipal que tenían investigaciones sobre tortugas. Pronto encontró lo que quería. Mané tenía razón, Tortugo era hombre. Extrañaba a la pareja de tortugas, los pájaros, la isla. Se fue a la cama temprano, a las ocho ya estaba en la cama y se levantó al amanecer, a las cinco ya se había duchado, afeitado y fue a la cocina a preparar su café. Sabía que me tomaría un tiempo despertarme más tarde y no dormir nada temprano.

"¡Tendré que cambiar mis hábitos!"

Continuaba rezando cuando se levantaba y por la noche, cuando leía textos del Evangelio.

Al quinto día, el domingo, fue a visitar a Dárcio y almorzó con ellos. Vivían en una hermosa casa, Luciana lo abrazó con emoción.

– Quería ir a la fábrica para darte la bienvenida, pero preferí no molestar. ¡Es genial verte de nuevo!

Luciana era muy hermosa y su pareja de hijos era hermosa y educada. Fue muy agradable para Noel pasar el día con amigos.

– Entonces, Dárcio, ¿quieres unirte a la política? – Preguntó Noel.

– Ya soy amigo, soy concejal y candidato a alcalde – respondió Dárcio.

– Noel, admiro el idealismo de Dárcio y lo he apoyado. Para ser político hay que gustarle. Preferiría que mi esposo no se involucrara en política, que no fuera un candidato – dijo Luciana.

– Lú está molesta porque ha habido muchos chismes – dijo Dárcio.

– ¡Sí, calumnias! – exclamó Luciana –. Dicen que Dárcio te robó, malversó dinero de la fábrica y que todo se descubriría cuando llegaras.

– Ya tenía que mostrar mi recibo de sueldo, incluso publicarlo en el periódico. Luego dijeron que gano demasiado bien, que determiné mi salario. ¡Esto es triste! Quiero hacer muchas cosas buenas para esta ciudad – dijo Dárcio, emocionado.

– Somos ahorradores, con el salario de Dárcio compramos esta casa y una granja. También tengo mi salario, aunque pequeño, para mis gastos privados. Doy clases por la tarde – comentó Luciana.

– No te preocupes por estos chismes. Voy a refutar – Noel los tranquilizó.

– ¿Harás eso? preguntó Dárcio.

– Haremos una cita y, si es posible, para mañana. Hablaré con la gente del periódico, la radio y también asistiré a sus reuniones, prometió Noel.

– ¡Viva! ¡Ya gané! ¡Gracias Noel! – exclamó Dárcio, abrazándolo.

– Gracias Dárcio. El amigo es un tesoro precioso y lo tengo. ¡Estoy orgulloso de decir que te llamo amigo!

Y dio la entrevista alabando a Dárcio, habló de su competencia, honestidad e incluso le agradeció.

Los periodistas querían saber dónde había estado, qué hacía mientras estaba fuera. Noel respondió sin dar detalles.

– En muchos lugares

– ¿Qué lugar le gustó más? – Preguntó una señorita.

– Una isla.

– Grecia – Noel sonrió.

– ¿Muchas mujeres? ¿Alguna en especial? – Preguntó un hombre joven.

– Sí, una muy especial. Quiero decirles a mis amigos que este viaje fue muy rentable, aprendí mucho, maduré, encontré la paz y estoy feliz.

Querían saber más sobre el viaje. Noel volvió al tema: Dárcio. Y todo salió bien. Fue un éxito y con un resultado positivo para la campaña del amigo.

El martes salió a caminar por la ciudad. Abrazó a amigos y conocidos. Muchas cosas cambiaran. Allí construyeron una plaza, calles pavimentadas, etc. Caminó por el centro. Vio la tienda de deportes de Carlos desde lejos.

Cuando regresó a la fábrica, Dárcio preguntó:

– ¿Vas a abandonarme? ¿Dejarás tu trabajo?

– No me necesitas aquí, Noel. Voy a pedir vacaciones para trabajar en la campaña. No te importará, ¿verdad? Si no gano, volveré. Si soy elegido, quiero dedicarme al ayuntamiento y ser el mejor alcalde que esta ciudad haya tenido.

– Dárcio, ¿cómo están Nádia y Carlos?

– Viven juntos, él todavía tiene la tienda de ropa deportiva, Nádia trabaja con él. Tienen dos hijos, Samuel y Vinicius. Samuel se parece mucho a Gabriel.

– Samuel fue uno de los nombres que habíamos elegido cuando Nádia estaba embarazada. Optamos por Gabriel y decidimos dejar a Samuel para el próximo. ¿Ellos son felices?

– No lo sé. Carlos tuvo muchas dificultades financieras después de la tragedia. Casi toda la ciudad estaba en contra de ellos. Nádia incluso fue golpeada en la calle. ¿Todavía piensas en vengarte de él?

– No. Quiero vivir en paz. Sufrí, pasó, olvidé y no tengo ningún dolor.

– Menos mal. La venganza es un cuchillo sin mango, puede lastimar a otro, pero corta a quien lo sostenga. Nadie se siente feliz cuando se siente herido – dijo Dárcio.

– Cogeré mi auto y saldré a dar una vuelta. ¿Está en orden? preguntó Noel.

– Antes de que volvieras, lo envié a una revisión, está en orden y con el tanque lleno – respondió Dárcio.

Noel no había conducido durante mucho tiempo. Subió al auto y pasó minutos mirándolo, ese vehículo tenía historia. Todos, todo lo tiene. Recordó cuando lo compró, los comentarios, los recorridos, pero no quiso recordar. Condujo sin dificultad y fue al cementerio. Gabriel había sido enterrado con sus abuelos, en una hermosa tumba de mármol. Lo encontró limpio y con flores. Noel fue tocado:

– ¡Restos mortales! ¡Eso es todo lo que hay aquí!

Habló en voz alta, miró rápidamente a su alrededor, no vio a nadie, no quería que lo escucharan hablando solo.

Rezó por minutos y volvió al auto. Fue a muchos lugares, recorrió toda la ciudad y volvió a la fábrica.

– Gracias, Dárcio, por cuidar la tumba de mi familia, la encontré limpia y con flores.

– No fui yo, Noel. Honestamente, no me acordé de hacer esto.

– Entonces, ¿quién lo cuida? preguntó Noel, curioso.

– Nádia – respondió Dárcio.

"¡Nádia!" – Pensó Noel –. "¿Por qué es extraño? Gabriel también era su hijo, como madre debería amarlo. Nunca pensé que mi ex esposa sufrió por él, que sintió su desencarnación. Sufrí y solo vi mi sufrimiento, ella también debe haber sufrido."

– ¡El remordimiento!

– ¿Qué dijo Dárcio?

– Noel, ¿no escuchaste lo que dije? ¿Estabas distraído? Le dije que el Sr. Ramón lamentaba no haber comprado la tierra en la parte trasera de la fábrica en ese momento. Me dijo que siente remordimiento – dijo Dárcio.

"¡Remordimiento!", Pensó Noel. "Además de haber sufrido como yo, Nádia debe haber tenido remordimiento, y este dolor es mucho peor, doloroso. Ella tiene el 'tal vez', el 'si' para atormentarla. Debe pensar: 'Si no le hubiera pedido a la niñera que lo hiciera almuerzo, ella habría mirado Gabriel. Quizás si me hubiera quedado con él, mi hijo no habría ido solo al garaje. Si no me hubiera involucrado con otro, etc. ¿Nádia sintió todo esto? ¿Sufrió con remordimiento? No debería pensar más en ella."

– ¿Terreno? ¿Qué tiene el terreno? preguntó Noel.

– ¿Notaste Noel que la fábrica está en un lugar privilegiado? La ciudad creció en estos lados. El suelo en la parte del fondo es grande. El otro candidato a la alcaldía tiene planes, si gana, para expropiarlo y hacer una asignación. Él está diciendo, ahora, que soy un candidato a tus órdenes, para evitar que esto suceda.

– ¡Creo que Luciana tiene razón! ¡Es muy hablador! ¡Qué calumnia! – exclamó Noel.

Cambiaron de tema, tenían mucho qué hacer en la oficina. Dárcio estaba entrenando a un joven abogado para ser el secretario de Noel.

– Marcos ha estado con nosotros durante doce años. Comenzó como un oficinista, es hijo de un viejo empleado. Es inteligente, trabajador, pagó sus estudios trabajando, se graduó el año pasado. Creo que es confiable.

– Quiero darte una misión, llámalo aquí para hablar conmigo – preguntó Noel.

Cuando llegó, Dárcio se iba a ir, Noel dijo:

– Quédate, Dárcio, aunque es confidencial, quiero que escuches. Marcos, quiero que vayas a cierto lugar. Es un pueblo, un pueblo lejano, donde la mayoría de los habitantes son pescadores. Harás lo siguiente...

Dio todas las órdenes a Marcos y terminó:

– Debes irte el lunes y exijo secreto. Prepárate para viajar. Ir en avión.

Marcos se fue y Dárcio le preguntó:

– ¿Por qué es esto? ¿No es el trabajo del gobierno hacer esto?

– No quiero hablar mal de los políticos, no después de que te hayas convertido en uno – dijo Noel, sonriendo –. Lo intenté, le escribí al gobernador, llamé y nada, nadie estaba interesado, así que ahora lo hago yo.

– ¿Centro Espírita involucrado en esto? ¿Eres un espírita? – Preguntó Dárcio.

– Lo soy – respondió Noel –. Conocí la Doctrina Espírita a través de los libros y sus enseñanzas razonadas, coherentes y justas me encantaron. Tengo amigos allí en ese pueblo, quiero darles más consuelo. Marcos irá allí, comprará tierras, dejará todo pagado y el material entregado para que puedan hacer un puesto de salud ellos mismos. Incluso pagarás sus salarios. Enviaré dinero todos los meses para que el Centro Espírita en la ciudad vecina le pague a un médico para que vaya a verlos una vez por semana. Y también dinero para que compren los medicamentos, porque no es suficiente para que el médico los diagnostique, necesitan medicamentos. Marcos también comprará útiles escolares para la pequeña escuela. En tres meses, volverá a supervisar. Quiero que ese puesto de salud esté listo pronto. Dárcio, si muero, quiero que sigas enviando esta cantidad al Centro Espírita todos los meses para que paguen a ese profesional.

– ¿Qué es esto? ¿Pensando en morir? – Preguntó Dárcio.

– No, estoy pensando en vivir. La vida sigue mi querido amigo. Vivimos en fases, ahora allí, ahora aquí. No te preocupes, no pienso en desencarnar, es decir: tener mi cuerpo físico muerto. Fue solo una solicitud.

Extrañaba a sus amigos allí, eran personas simples y poco interesantes y pensaba mucho en Maria Inés, en su dulce y tranquila forma. "¿Le gustaría a la joven maestra vivir aquí?"

Fue a cenar a un restaurante con Dárcio y comió ensaladas, arroz y frijoles.

– ¿Ya no vas a comer carne? preguntó el amigo.

– No tengo intención de hacerlo. Comer verduras, frutas y verduras es muy bueno para la salud. En estos años solo comí así y estoy saludable, incluso para mis dientes, fui al dentista hoy y solo tenía dos pequeñas caries – respondió Noel.

Salió del restaurante, condujo y de repente vio un Centro Espírita. Estaba abierto y llegaba gente. Noel se detuvo, se bajó y pensó:

"Debe haber alguna actividad, voy a entrar."

El lugar era simple, un salón. Noel entró y se sentó en la esquina derecha. Fue un día de conferencias y pases. Una señora comenzó con una hermosa oración y el orador invitado habló sobre el perdón. Leyó un texto de *El Evangelio según el Espiritismo*, capítulo 12: "Ama a tus enemigos", que Noel conocía muy bien y le gustaba mucho. Prestó mucha atención a lo que decía el orador. Estaba emocionado Aquí hay algunos extractos:

- Aprendimos que siempre debemos perdonar y también pedir perdón. Tenemos que vivir como cristianos, y como tal, no necesitamos pedir perdón por no ofender a nadie. Feliz es quien ya experimenta este concepto: 'No tengo necesidad de pedir perdón porque no ofendí, no maltraté nada de lo que le hice a un hermano. Y no dejes que ningún mal venga a ofendernos. Comprendiendo, amando, perdonamos sin siquiera pedir perdón. Incluso podemos ser perjudicados, pero no derrotados por el mal. ¿Te has dado cuenta de que cuando nos sentimos ofendidos es porque casi siempre recibimos un golpe a nuestro orgullo? Orgullo tan difícil de superar. Cuando nos ofendemos, pensamos: ¡Esto es indignante! ¡Debo reaccionar! ¡No me merecía esto! Y a veces pensamos en vengarnos. Y cuando podemos perdonar, no debemos pensar que somos víctimas. ¡Pobre de mí! ¡Soy una víctima! Tendemos a ver solo lo que recibimos, lo que nos hicieron. ¿Y yo? ¿Qué hice? ¿No necesito también el perdón? ¿No te ofendí? ¿Tomé represalias? Cuando aún no hemos superado el orgullo, sentimos la necesidad de pedir perdón. Perdonar sí, pedir perdón también y vivir sin necesidad de ambos es el que entendió las enseñanzas del Maestro Jesús y que camina con grandes pasos hacia el progreso.

Cuando todo terminó. Noel se quedó para hablar con algunas personas que conocía, se enteró del horario de apertura de la casa. Se despidió de ellos con cariño y decidió que asistiría a las reuniones de ese grupo. Fue a su departamento en la fábrica y comenzó a pensar en la conferencia. Siempre pensó que era una víctima. Y el orador tenía razón, su orgullo lo había hecho sentir los insultos. No quería separarse de Nádia, los quería lejos de la casa que estaba fuera de sus padres, pensó que era insultante que fueran felices mientras él sufría. Y cómo sintió pena por sí mismo. Él fue la víctima y cómo lo usó. Entonces, pensó que era importante porque perdonó. Tenía que aprender a amar de una manera cierta y verdadera como Jesús nos enseñó. Y amar es no tener que perdonar, no ser una víctima y entender mal. Y este amor se extiende a todos. Porque todos somos hermanos, hijos de Dios, nuestro Padre Amoroso.

Y comenzó a ir a todas las reuniones de estudio y conferencias. Marcos llegó eufórico del viaje porque hizo lo que Noel le pidió y porque todo salió bien.

– Sr. Noel, a la gente le gustó mucho y cuando dijo que era un regalo de Papá Noel, se rieron. La maestra incluso lloró. Preguntaron por usted. Estaban felices de saber que está bien, lo quieren mucho. ¿No sería más fácil para usted dar una suma de dinero a cada uno de ellos?

– Marcos, cuando se ayuda a alguien es aconsejable hacerlo de la mejor manera posible. Quizás habría algunos desacuerdos si recibieran dinero sin tener la estructura para gastar. Podrían luchar para pensar que uno merecía más que otro y ofender a alguien si me olvidaba de él. Despierta avaricia en uno de ellos o en personas de afuera y habrá robos. Otro, pensando que con el dinero debería irse, ir a la gran ciudad, etc. Y en lugar de darles felicidad, sería difícil. Un centro de salud y un médico para atenderlos es para todos, la escuela con más materiales es para la educación de todos los niños e incluso adultos.

– Tiene razón, señor Noel. Los que están acostumbrados a tener poco pueden avergonzarse con mucho.

– No sería mucho para nosotros, pero sería para ellos – dijo Noel. Pensó en Maria Inés nuevamente. La echaba de menos, los amigos del pueblo. Estaba más acostumbrado, debido a las reuniones en el Centro Espírita, estaba durmiendo más tarde y no se despertaba temprano.

Fue una reunión de políticos el sábado. La sala estaba abarrotada, muchas personas, mujeres, y Noel se convirtió en el blanco de la fiesta. Fue coqueteado por muchas mujeres solteras e incluso algunas mujeres casadas. Esto lo entristeció.

"¡Esto es porque soy rico! ¡Me consideran un buen partido!" – pensó molesto.

Tan pronto como fue posible, se despidió y se dirigió a la fábrica, todavía vivía allí. Dárcio le aconsejó que se mudara a una casa, pero prefirió quedarse allí. Fue directamente a su departamento. Cuando llegó, se sentó en la cama y pensó en Maria Inés.

"Ella me ama y ni siquiera sabe que soy rico, si sabe lo que tengo, pensará que soy el hombre más rico del mundo. Tú, mi dulce María Inés, ¿te acostumbrarías a esta ciudad? ¿Serías feliz? No ella sabría cómo vestirse, incluso su conocimiento como maestra aquí sería considerada pequeña, casi semi–analfabeta. No, no creo que fuera feliz. Estaría lejos de su familia, del río que ama, de la escuela a la que se dedica. ¿Haría amigos? No sabría conversar, sería el blanco de bromas y no se sentiría bien. Y tal vez simplemente no sería suficiente. ¿Solo yo? No sería amado y extrañaría el amor. Con mi trabajo no tendría tiempo para dedicarme demasiado a él. Pero podríamos tener hijos, que serían oscuros como ella. Quiero tener otros hijos."

"¡Papi!"

"¡Gabriel! ¡Qué lindo sentirte, oírte!" "¿Puedo dar mi opinión?" dijo Gabriel.

"¡Claro que sí!" exclamó Noel.

"Deja a Maria Inés en el pueblo. Ella es feliz. Te ama, sí, pero te olvidará. ¿Por qué esto ahora? Cuando estuvo allí, nunca le diste importancia, no le dio ninguna razón para alimentar este afecto."

"¡Creo que quiero ser amado!" – Expresó Noel suspirando.

"¡Hay tantas maneras de amar! Si quieres volver a casarte, ¿por qué no esperas un poco más? Deja que suceda. Si no amas a Maria Inés, no puedes hacerla feliz."

"No creo que vaya a confiar en nadie más."

"¿Solo porque fuiste codiciado en la fiesta? Papi, eres muy guapo, inteligente y agradable" – dijo Gabriel sonriendo.

"¡Y rico!"

"Creo que no es en una fiesta como esta noche que encontrarás a alguien como tú. No tengas prisa. ¡Buenas noches!" Sintió el beso en la mejilla.

– Soy un médium – dijo Noel – y debo trabajar para el bien con la mediumnidad. Tengo tanto en sentir a mi hijo que es hora de hacer algo bueno a los demás con esta facultad. Y, para hacerlo bien, con seguridad, debo aprender. ¡Y tendré este conocimiento!

Noel sonrió cuando escuchó su propia voz. Había dejado de hablar consigo mismo, pero a veces todavía lo hacía. Decidió no buscar a Maria Inés, era una flor delicada, una joya preciosa que se vería allí como un simple follaje, una bisutería. Quien no sabe ver a través del alma, deja de sentir, disfruta de muchas cosas, del afecto de personas auténticas y amables. Y la dulce maestra debería, merecida, ser amada. Y, se decidió, ni ella ni la otra por ahora.

Noel durmió tranquilamente. Pero pronto se despertó con el guardia llamándolo.

– Sr. Noel, teléfono.

Comenzó, saltó de la cama. No había teléfono en su departamento.

– ¿Quién es? – Preguntó Noel.

– No quiso decir su nombre, solo dije que era urgente – respondió el guardia.

Fue a la oficina, respondió, era una mujer.

– Soy Natalia, te hablé en la fiesta. Quería estar contigo un poco más, para disfrutar de tu presencia. ¿Está solo? ¿No quieres compañía?

– ¡Me despertaste! Lo siento, pero no quiero compañía. ¡Buenas noches!

Él colgó. El guardia estaba a su lado, sonrió.

– Juan – dijo Noel – no dejes entrar a ninguna mujer aquí y no me vuelvas a llamar si es una voz femenina en el teléfono. Para despertarme, solo si es urgente o Dárcio. ¿Entiendes? Pase esta orden a los otros guardias. No sé quién es esta Natália. ¡Qué cosa! ¡Buenas noches!

Gruñó y volvió a dormir.

Las llamadas comenzaron a partir de mujeres detrás de Noel y él ordenó a la secretaria que pasara las llamadas solo si eran negocios e identificadas. Por el momento, no quería involucrarse con nadie, y cuando lo hiciera, sería más cuidadoso. No hay personas interesadas.

EN LA REPRESA

Dárcio dejó el trabajo y comenzó a dedicarse solo a su campaña. Y sus oponentes usaron la tierra de la fábrica para difamarlo. Noel buscó a su amigo y lo llamó para hablar.

– Dárcio, me molesta esta calumnia.

– Confieso que a mí también me gustaría tener oponentes honestos – dijo Dárcio con tristeza.

– Te llamé aquí, porque haré lo que tus oponentes quieran. ¡Donaré este terreno! – exclamó Noel.

– ¿Qué? ¿Te has vuelto loco? – Preguntó Dárcio, sorprendido.

– Haré lo siguiente: dejaré una buena área alrededor de la fábrica en caso de que la expanda en el futuro. En la parte posterior a la derecha, tú, como alcalde, abrirás calles, harás alcantarillas, etc. y los lotes se venderán a precios ridículos a los empleados de la fábrica, ciertamente pagarán por las mejoras que hace la ciudad. A la izquierda, harás lo mismo con un acuerdo con un banco y la población comprará. Será un excelente barrio. Pero te comprometerás a construir una gran guardería, una escuela de una cuadra con canchas deportivas. Y un terreno será para mi grupo espírita.

– ¡Muy bien! Solo que nosotros tendremos problemas. Noel

– ¿Cuáles? – Preguntó el dueño de la fábrica.

– ¿Qué ganarás, amigo mío, con esto? preguntó Dárcio.

–Conservaré algunas tierras sin pagar por las mejoras – respondió Noel.

– ¡Es justo! ¿Cómo se hará esto?

– Haremos un trato. Si gana, el contrato tendrá valor, lo firmaremos con testigos, notariados, etc.

– El mayor problema: tú, mi querido Noel, estás casado. ¿Olvidaste esto? No puedes hacer esto sin la firma de Nádia – dijo Dárcio.

– Haz el contrato, Dárcio, y avísame cuando estés listo.

– Si es urgente, lo será. Mañana estará listo

De hecho, al día siguiente, temprano en la mañana, Dárcio vino a mostrarle.

– Dárcio, quiero que esta cuadra sea de Nádia. Pregúntele al notario si me pueden ceder una sala por algunos minutos. Haz una cita por la tarde. Haré una cita con Nádia allí. Espero que ella firme.

– Noel, todavía tienes tiempo para pensar. ¿No sientes pena por deshacerte de esta área? Debo ganar las elecciones, pero si no lo hago, no importa.

– Dárcio, ¿has notado que la fábrica está bien ubicada? ¡Por supuesto que sí! Esta tierra circundante impide que la ciudad crezca de este lado. Y estamos pagando muchos impuestos por esto. Ganaré más teniendo estos lotes que vendiendo toda la tierra. Hacer esto será bueno para los empleados y la población.

– ¡Gracias, Noel! – exclamó Dárcio, tocado.

Con el tiempo programado en la oficina de registro. Noel llamó a Nádia. Cuando se identificó, notó que su voz temblaba.

– Nádia – dijo Noel cortésmente –, quiero hablar contigo en un lugar neutral. Llega a las 3 p.m. en la oficina de registro.

– Lo haré – respondió Nádia.

Antes de las 3 de la tarde. Noel estaba allí y como Nádia llegaba tarde, pensó que ella no iría. Habían pasado cuatro meses y medio desde que regresó y aún no la había visto. Nádia llegó, extendió su mano en señal de saludo y se disculpó por llegar tarde. Noel la condujo a la sala de estar y estaban solos. Él la miró, por un momento ninguno de los dos habló. Noel pensó que era hermosa. Ella era como antes, le parecía que los años no habían pasado para ella, con el pelo bien peinado, se vestía con sencillez y era muy elegante. Nádia lo miró:

– ¿Quieres hablar conmigo, Noel?

La misma voz Noel sintió que su afecto por ella no terminaba como había pensado. Tal vez no la amaba con la pasión que tenía antes, pero podría amarla nuevamente. La miró a los ojos, eran diferentes, ya no se burlaban, los encontró tristes.

– Nádia, volví con ganas de paz. En ese momento querías la separación, yo no quería, creo que deberíamos hacerlo oficial ahora, sin peleas ni rencores.

– ¿Ya no me odias? preguntó Nadia

– ¡No! Las penas estaban en el pasado – respondió Noel y decidió ir directo al grano –. Nádia, quiero dividir la tierra en la parte trasera de la fábrica y para eso necesito tu firma.

– Sí lo hago. Noel, ¡no quiero nada que sea tuyo!

– Gracias, Nádia. Contrataré a un buen abogado de la capital para hacer nuestra separación muy rápidamente y luego podrás casarte con Carlos.

– Noel, ¿realmente me amabas?

– Creo que sí – respondió Noel en voz baja –. Era una pena que no pudiera hacer que me amaras.

– ¿Como así?

– Amabas a Carlos.

– Creo que me engañé, pensé en ese momento que amaba a Carlos. Siempre te he querido, Noel. ¡Todavía te amo! – exclamó Nádia sin aliento, sus mejillas se pusieron rojas.

Silencio Noel pensó: "Si quisiera vengarme, esta sería una gran oportunidad. Ni siquiera en mis planes de venganza, hace mucho tiempo, imaginé esto. ¿Nadia es sincera? ¿O se arrepintió de haber perdido financieramente? Carlos no es pobre, pero, comparando, estoy en desventaja. Soy el hombre más rico de la región. Si quisiera vengarme, sería simplemente aceptar su supuesto amor, haciéndola traicionar a Carlos, quien recuperaría lo que me hizo. Haría que Nádia lo abandonara y, después de que todos lo supieran, simplemente dejarla. Y ella no estaría conmigo ni con Carlos. Pero podría amarla de nuevo. Y la venganza, como dijo Dárcio, es un cuchillo sin mango. ¡No quiero vengarme! ¡Ni siquiera lo estoy intentando!"

– Nádia, ¡quiero la separación! Te amé, ya no te amo. Creo que estás engañada ahora. Ten cuidado de no pensar que amas lo que no tienes. Cuidado, Carlos es tu esposo y tienes dos hijos. Quizás, debido a que ha enfrentado tantas dificultades, tu relación se ve sacudida. Sin embargo, es a Carlos a quien amas, al menos deberías amar. Y sé una buena madre, tienes hijos que merecen tener a su padre con ellos.

Nádia se puso blanca, habló en voz baja:

– ¿Dónde firmo?

– Llamaré a los testigos.

Noel llamó a dos personas que estaban en el registro, pidió testificar y Nádia firmó el documento. Se despidió fríamente y se fue.

– Está bien, Dárcio, corre la voz y recuerda, ¡esto solo sucederá si eres el alcalde!

Por la noche, solo hablaban de eso en la ciudad. Incluso le preguntaron a Noel, dos empleados llegaron a su oficina y él dijo:

– ¡Es verdad! ¿Están contentos? Todos los empleados ganarán tierras. La elección será por sorteo. Sacaremos el nombre de los empleados de una caja y ellos elegirán los lotes. Pero esto, solo si Dárcio gana.

– ¡Voy a ser su elector! ¡Ah, sí me voy! – dijo uno de ellos con entusiasmo.

Al otro día temprano, la secretaria vino a anunciar:

– Sr. Noel, el Sr. Carlos está aquí y quiere hablar con usted.

– ¿Qué Carlos?

– El esposo de doña Nádia.

"¿Qué será lo que quiere? Lo recibiré", pensó Noel.

– Pídele que entre.

– ¿Quiere que llame a seguridad? preguntó la secretaria.

– ¡Claro que no!

Noel cerró la puerta, entró Carlos, respondió el asentimiento del dueño de la fábrica y dudó en sentarse.

– ¿Quieres hablar conmigo? – Preguntó Noel.

– Quiero saber qué le dijiste a Nádia, ayer lloró mucho – respondió Carlos.

– ¿No te lo dijo ella?

Solo dijo que firmó un documento para que subdividas el área posterior de la fábrica y que te dará la separación." ¿Qué es lo que realmente quieres, Noel? ¿Aún no has tenido suficiente venganza? ¿Volviste para perjudicarnos? – Preguntó Carlos, mirando a Noel.

"¿Aun no has tenido suficiente venganza?" – Noel sintió el impacto de estas palabras. Nunca había pensado que Carlos y Nádia se sintieran víctimas, el blanco de la venganza. Él respondió con calma.

– No, Carlos, regresé para continuar mi vida donde la dejé, para cuidar todo lo que me pertenece. ¡No quiero vengarme!

– ¡Ya has hecho suficiente! No fue culpa nuestra que Nádia y yo nos enamoráramos, ¡no tenemos la culpa de nada! Es posible que hayamos abusado de ti queriendo parte de tu fortuna, a lo que inmaduramente pensamos que teníamos derecho. Nádia sufrió mucho con la muerte de Gabriel y yo también. ¡Fue un accidente! – Carlos habló rápidamente.

– ¡Sé de eso!

– ¡Pero me acusaste! Resolviste lo que sucedió para que Nádia ni siquiera pudiera salir a la calle porque fue insultada, llamada una madre cruel. Tenía que responder en la corte. Casi me quebré. Por eso vine aquí. Noel, quiero mirarte a los ojos y ver si hay odio en ellos. No te tengo miedo, aunque sé que puedes acabar conmigo.

Noel se conmovió, comprendió que egoístamente tendemos a recordar el mal que recibimos y difícilmente del que hacemos. Carlos tenía razón, había hecho todo eso. Levantó el cuerpo sobre el escritorio, se acercó a Carlos, lo miró a los ojos y dijo: – Carlos, ¡ya no quiero venganza! Lo siento por todo. Tú y Nádia recibieron el retorno de sus acciones. Me hicieron daño y yo, en ese momento, respondí. Ahora ya no haría lo que hice. Los perdoné y les pido que me perdonen también.

– ¿Estás siendo sincero? preguntó Carlos

– Sí, estoy siendo honesto.

– ¿No necesito temerte?

– ¡No debes!

– ¿Por qué lloró Nádia? – Preguntó Carlos

– No sé tal vez de alivio. Espero que no sea porque ella firmó el documento. Le dejé un bloque – respondió Noel.

– No queremos nada que sea tuyo. ¡No es justo!

– Ya está hecho. Es de ella, si no lo quieren, pueden donarlo. Pero deberían aceptar.

– No quiero molestarte más. Me voy – dijo Carlos. Noel abrió la puerta.

La secretaria y dos guardias de seguridad estaban en el pasillo. Le tendió la mano a Carlos y dijo:

– Carlos, gracias por visitarnos. Fue muy bueno conversar contigo.

– ¡Y gracias!

Carlos tartamudeó, estrechó su mano extendida y se fue. Noel cerró la puerta, se sentó en una silla y pensó en Carlos.

Se parecían un poco, la misma altura, forma de nariz, forma de sonreír. ¿Ironía? ¿O una desafortunada coincidencia?

"No sé por qué, ¡pero me recuerda a mi padre!"

Dárcio le había dicho que una noche Carlos tuvo una pelea con dos niños porque dijeron que se parecía a él. Tomó una paliza.

"¡Te amo, papi! ¡Te amo tanto!"

"¡Gabriel!" – exclamó Noel emocionado.

"¡Te reconciliaste!" – dijo el hijo.

"¡Es verdad, hijo mío! Hoy fue un día importante para mí, ayer también. Tuve la oportunidad de vengarme, no lo hice y me reconcilié", dijo Noel.

"¡Y pediste perdón!"

"Gabriel, los hice sufrir y no me di cuenta de cuánto."

"¡Adiós, papi! ¡Me alegro por ti! Hiciste lo que debías hacer."

Noel sintió paz, una alegría tranquila, se rio, quiso saltar y atravesó la habitación.

"¡Ninguna venganza me haría feliz! ¡Es tan bueno estar en paz! Nadie está realmente feliz, se sienten felices de vengarse. Lo que siento ahora es paz que trae verdadera felicidad. La venganza es muy tacaña. Si hubiera continuado me vengaría y vería a Carlos y Nádia como mis enemigos, estaría inquieto, inseguro y herido. Muy herido, porque el cuchillo sin mango me habría dolido mucho. Al no tener enemigos, resentimiento, dolor, está vaciando el corazón y dando paso a los buenos sentimientos. ¡Soy feliz!"

Se sentó nuevamente y oró, agradeció a Dios que lo estaba haciendo tan bien.

Llamó a Dárcio.

– Mi amigo, quiero financiar tu campaña. Quiero que compre juegos de camisas, artículos deportivos, como pelotas, etc., para distribuir a los niños pobres. Y no ahorres, compra mucho.

– ¡No es necesario, Noel, ya estoy elegido! En las proyecciones, estoy bien posicionado en el frente – respondió Dárcio.

– Quiero Dárcio que compres todo en la tienda de Carlos. Dárcio guardó silencio durante unos segundos y luego preguntó:

– ¿Estás seguro?

– ¡Absoluto! Y te pido, que, como alcalde, compres todos estos artículos deportivos en su tienda.

– ¡Haré esta compra ahora y se la daré a los niños pobres! – exclamó Dárcio.

Noel colgó y llamó a la secretaria.

– Doña Marli, quiero que les hagas saber a los empleados que no tengo nada en contra del Sr. Carlos y la Sra. Nádia, y que es un placer comprar en su tienda.

Ella abrió la boca, no dijo nada y se fue. Esa noche, Noel se quedó, después de la conferencia, hablando con el equipo del Centro Espírita.

– Veo espíritus, o, mejor dicho, uno de ellos, y siempre hablamos. Creo que soy un médium y quiero aprender a ser útil con la mediumnidad, dijo.

– Usted tiene mucho conocimiento doctrinario – dijo una señora.

– Leí los libros de Allan Kardec muchas veces – dijo Noel.

– Usted es graduado, es ingeniero, y eso facilitó su comprensión – dijo la misma señora.

– La Doctrina Espírita debe ser entendida por todos – dijo un hombre que actualmente dirigía y administraba ese Centro Espírita.

– Cuanto más razonamos, más entendemos la doctrina – dijo otra mujer.

Recomiendo a todas las personas que quieran ser útiles con la mediumnidad que hagan lo que está haciendo: leer buenos libros, estudiar los libros de Kardec y asistir a nuestras clases de estudio – dijo el líder.

– Usted es útil, hace el bien, ¡es un buen administrador! – exclamó un hombre.

– ¿Administrador? preguntó Noel con asombro.

– De los bienes de Dios – respondió el señor –. Es un buen y justo jefe. Tengo un hijo que trabaja en su fábrica, le gusta mucho allí y está contento porque ganará un terreno. Todo lo que importa, Sr. Noel, permanece aquí, solo nuestras buenas obras nos acompañan. La expresión "Dios te lo pague" es poderosa, son palabras poderosas que traen a quienes las reciben y tienen derecho a muchos beneficios. Desde que llegó aquí, quiero decir que es bienvenido entre nosotros y que tiene muchos "Dios te lo pague" en su equipaje.

Noel sonrió, habló un poco más y se fue. Se sentó en un sillón en su departamento y pensó en lo que la señora le dijo: ser administrador.

Se sentía avergonzado, no era un buen administrador, no le importaba si tenía o no bienes materiales. Podría seguir viviendo en la isla y estar muy tranquilo, sin problemas. Sin embargo, los problemas y dificultades son parte de nuestra vida y no es correcto huir de ellos o ignorarlos como si no existieran. Su lugar estaba allí, cuidando una pequeña parte de los bienes del Padre. No le importaba si era dueño de la fábrica o no, pero olvidó que era un generador de empleo y para los empleados fue una diferencia. No tenía derecho a abandonar todo como lo hizo, pensando que solo él sufrió en la Tierra. Él pensó:

"Menos mal que Dárcio se haya ocupado de todo muy bien. Fue un ejemplo para ser meditado. Fue honesto al administrar algo que no era suyo. Sé que Dárcio pudo haberme quitado todo, le di un poder de abogado dándole estos poderes. Con lealtad, él tomó mi lugar. Todo le pertenece a Dios y, cuando el Padre le da la administración a uno de sus hijos, debe hacer como Dárcio, ser fiel, honesto, trabajar y entregar, después de terminar la tarea de la mejor manera posible, a su dueño legítimo. Confundí administrar con ser dueño. Y el buen gerente debe ocuparse de lo que es de Dios para el beneficio de sus otros hijos. Tener riqueza material no está mal ni significa que sea bueno. Ser rico y apegado a estos bienes, sentirse propietario, es correr el riesgo de quedarse atrapado con ellos, si no tiene nada, eres pobre y sientes el inmenso deseo de tener, es ser prisionero de la voluntad de adquirir. ¿Por qué no pensé en eso antes? De ahora en adelante me ocuparé de lo que Dios me da y me esforzaré por hacer bien esta tarea, para ser justo, honesto y bueno. Quién sabe, sin estar apegado, pueda hacer el bien como propietario legítimo."

Se fue a dormir. Al otro día llamó al abogado, el mismo que hizo su testamento. El profesional no pudo ayudarlo de inmediato. Acordaron que poco después de las elecciones, él se divorciaría. Noel prefería un abogado de otra ciudad para evitar chismes.

Marcos era competente. A Noel le gustó y le pidió que volviera a la aldea para supervisar la construcción del centro de salud. Regresó diciendo que todo estaba en orden, pronto estaría listo.

– ¿Y la profesora? preguntó Noel.

– No la vi, pero le pregunté a un estudiante sobre ella y el niño me dijo que doña María Inés está bien y feliz con el material recibido.

Días después, Luciana entró a la oficina con un jarrón con flores.

– Son para ti, Noel. Te debía esto desde que llegaste.

– ¡Gracias Luciana! ¡Son lindas! Los pondré aquí. ¿Cómo está Dárcio? ¿Los niños?

– Están bien. Noel, ¿no vas a rehacer tu vida? ¿Seguirás viviendo aquí? preguntó Luciana, cambiando de tema y hablando rápidamente.

– ¿Rehacer mi vida? No creo que necesite rehacer nada – respondió Noel con una sonrisa –. Por ahora voy a seguir viviendo aquí, no tengo ganas de cambiar.

– Sé que hay muchas mujeres detrás de ti – dijo Luciana.

– Sabré cómo elegir mejor la próxima vez – dijo.

– Noel, ¿recuerdas del tiempo que estuvimos juntos? ¡Combinábamos tanto! ¡Tengo nostalgia!

Noel estaba alerta, miró de cerca a Luciana y sintió peligro, vio en sus ojos que lo amaba o pensó que lo amaba. Entonces sonó el teléfono, fue Marli, quien le preguntó algo, quien respondió. Pensó rápidamente cómo debía actuar y habló con calma:

– Lú, nos conocimos cuando éramos niños, tuvimos un coqueteo en la adolescencia y nos acostumbramos el uno al otro y esto nos llevó a salir en la juventud. No me gusta pensar en el pasado Fue bueno mientras duró. Y creo que salimos más de lo que deberíamos. No nos queríamos, solo te quería bien. Te engañaste sobre tus sentimientos, tanto que te enamoraste de Dárcio y te casaste. ¡Y fue una gran elección! No podría haber elegido mejor. Se aman, forman una pareja maravillosa y eres la mujer ideal para nuestro futuro alcalde. Quiero hacer como tú Lú, la próxima vez que piense en casarme, elegiré bien, quiero una chica soltera sin hijos, creo que no puedo amar a los hijos de otra persona.

Luciana escuchó con seriedad, bajó los ojos y puso mala cara. Noel conocía bien ese pequeño puchero, era porque se sentía herido, y él, después de una breve pausa, continuó:

– Gracias Lú, por las flores, lo siento, pero tengo mucho que hacer y tú también. Abrazos a los niños. Él le tendió la mano, ella la tomó y, en un rápido saludo, se fue sin hablar. Noel estaba triste y pensó:

"Luciana es la compañera ideal para cualquier buen hombre. Sé que ella me amaba, perdí la oportunidad. Podría haberme casado con ella y llevarme muy bien. ¿Es eso así? No la amaba; ¿el amor no haría falta? Lástima ¿Será que Luciana piensa que todavía me ama? No quiero encontrar esto. Es difícil para alguien no amar a Dárcio. Espero haberle tirado agua fría en su ilusión. Dárcio no merece eso, y yo nunca seré la causa de desavenencia familiar. No haré con nadie lo que me hicieran. Que Dios ayude a Luciana a reflexionar y comprender que ama a Dárcio."

Molesto, Noel se hizo un propósito para evitar a Luciana. Se apoyó contra la ventana y miró el patio, vacío a esa hora del día, el tiempo estaba lluvioso, caía una lluvia fina que mojaba todo. Él comenzó a pensar:

"¡Vivir en el Plano Espiritual debe ser mucho mejor! Excepto que los problemas nos acompañan, si no los resolvemos, donde quiera que estemos, están con nosotros. Quiero desencarnar en paz y dejar que este sentimiento me acompañe, porque sé que cuando cambio de planes, las transformaciones no suceden, seguimos igual, hasta que con un firme propósito cambiamos para mejor y esta mejora lo hacemos, cuando queremos, aquí o allá. Quien se desencarna con rencor, vicios, continúa con ellos, así como con las alegrías y virtudes. Que Dios me ayude a usar bien mi tiempo, encarnado. No quiero cultivar la tristeza, ya he tenido momentos tristes pero muchos felices. Cuando damos gran importancia a los eventos desafortunados, los incrementamos y los problemas deben resolverse. Si por ellos dejamos de ver, sentir las cosas buenas que nos rodean, nos volvemos infelices e insensatos. Es sabio saber cómo valorar lo que tiene que cambiar para mejor, luchar hasta que se vuelva bueno. ¡Quiero desencarnar bien, feliz y en paz! "

Suspiró, se sentó en su silla y murmuró:

– Creo que debería conseguir una novia pronto, pero no estoy de humor.

El tiempo pasó rápidamente y Dárcio ganó las elecciones con una gran ventaja, con mucha diferencia con el segundo lugar. Noel se alegró por su amigo.

Hizo una cita con el abogado, pronto vendría a legalizar su separación con Nádia.

Organizaron una fiesta para celebrar la victoria de Dárcio. Sería en la sala de fiestas en la orilla de la presa, un lugar muy hermoso, cerca de la ciudad. La presa, en esa parte, formó una playa y la extensión de agua fue excelente. Noel fue como invitado especial, como dijo Dárcio. Se levantó temprano ese domingo, solo había guardias en la fábrica. Fue a la oficina y se sentó en su silla. Sintió a su hijo y el beso.

"Papi!" "¡Gabriel!"

"Mi padre, ¿qué es contrario a enemigo?" preguntó el chico.

"¡Amigo!" – respondió Noel sonriendo.

"El enemigo se odia a sí mismo y al amigo se..."

"¡Ama!" – completó Noel.

"Para hacer un amigo de un enemigo, ¿qué necesitas hacer?" preguntó Gabriel.

"¿Amar? ¿Por qué preguntas esto, hijo?"

"Tienes razón" – respondió sabiamente – solo ponlo en práctica. Jesús nos recomendó amar a los enemigos y cuando los amamos, los hacemos amigos. ¿Qué haces por tus amigos?

"Lo bueno" – respondió Noel.

"Esto debe hacerse a todos" – expresó Gabriel. "No debemos tener enemigos y vivir de esa manera, haciendo el bien para que todos puedan ver nuestro afecto. Qué bueno es estar seguros de que no somos enemigos y que nadie lo es nuestro. Pero, desafortunadamente, existe la posibilidad de que una persona se transforme en nuestro enemigo. Perdonar, pedir perdón es el comienzo, la reconciliación es el segundo paso, pero existe la tercera fase, la de hacer el bien a esta persona que creemos que es nuestro desafecto, hacer algo de la misma manera que le haríamos a un amigo."

"Gabriel, estoy tomando estos pasos. Tuve la oportunidad de vengarme de Nádia y Carlos, no lo hice, tengo poder, dinero, podría arruinarlos e incluso hacer actos peores" – expresó Noel suspirando.

"Mi madre se declaró ante ti, te dijo que te amaba; respondiste con sentido común, aunque sabemos que todavía te ama."

"Dijiste 'mi madre'. Olvidé esto, Gabriel, siempre fuiste mi hijo. Creo que di otro paso, reconocí que sufrieron y que también los lastimé y, mejor aún, pedí perdón. ¡Podemos vivir en paz!"

"¡Ser un amigo es hacerles a los demás lo que nos gustaría que nos hicieran a nosotros y esto debe ser espontáneo! ¡Buena fiesta, papá!" – exclamó Gabriel.

Noel se preparó y fue a la fiesta. Había mucha gente en un buen asado. Por la tarde el clima cambió, el calor era intenso y todo indicaba que iba a haber una tormenta.

– ¡Y va! – exclamó Noel.

– ¿Cómo sabes que vamos a tener una tormenta? – Preguntó Dárcio.

– Aprendí a conocer las señales de la naturaleza. Recuerda que vivía en una isla – respondió Noel sonriendo.

– Noel, ¿no lo extrañas? – Preguntó Dárcio.

– Mucho, pero no quiero volver, me acostumbré de nuevo. Creo que me acostumbro a estar en cualquier lugar y me adapto fácilmente; para esto, es solo amar el lugar donde estamos, donde tenemos que vivir.

Noel vio a Carlos y Nádia en la fiesta, no los notó, habló con mucha gente. Dejó el grupo y caminó lentamente hacia la orilla del agua. En esa parte de la presa había muchas casas de vacaciones, casas de vacaciones y fines de semana. El clima realmente cambió, la tormenta llegó rápido, las nubes pesadas y oscuras cubrieron el sol y comenzó a soplar un fuerte viento, los rayos y los truenos eran fuertes. A Noel le gustaba la naturaleza y las tormentas no lo intimidaban, le gustaba la lluvia, sentir las gotas caer sobre él. Miró las casas, estaba frente a la que pertenecía a Carlos. Caminó un poco más y se encontró con Nádia, que estaba en apuros con un joven.

– ¿Qué pasó, Nádia? preguntó Noel, acercándose. Fue el niño quien respondió:

– El Sr. Carlos está en la balsa en medio de la presa con los niños y no pusieron a los salvavidas. No creo que esté regresando. Estoy tomando un bote allí, pero tengo miedo, no puedo nadar. Para traerlos, uno tiene que irse.

"No sé cómo conducir el bote" – dijo Nadia nerviosamente.

– ¡Yo voy! Sé nadar y conducir barcos – decidió Noel.

– ¡Están ahí! ¡Vea a través de los binoculares! – exclamó el chico, el cuidador.

Noel tomó los binoculares y los localizó. Carlos sostuvo a los niños y los tres estaban en el centro de la balsa, aferrados a un mástil.

– ¡Qué imprudente salir en balsa! – le reprochó a Noel.

– Está a salvo, tienen la costumbre de salir con ella, solo que no previmos la tormenta – dijo Nádia.

– Voy rápido!

Tomó a los salvavidas, se puso uno y subió al bote. Esto era pequeño y el motor no era muy potente. Se dirigió al lugar donde la balsa estaba luchando. Vio a Nádia correr a la fiesta para pedir ayuda y al niño, su cuidador, mirar a través de los binoculares. Noel se les acercó. Lanzó el extremo de una cuerda y ató el otro al bote. Carlos continuó apoyando a sus hijos en el centro de la balsa. Se sorprendió cuando vio a Noel.

– ¡Pasa y ata la cuerda al mástil, Carlos! Pon a los chalecos a los niños y a ti. ¡Así! ¡Ahora ven! ¡Te atraparé! gritó Noel.

Pensó en arrastrar la balsa, pero el bote no podría hacerlo, decidió sacarlos. Con miedo a caer

Noel ató otra cuerda a su pie y el otro extremo a un gancho.

– 1Estoy herido Noel! Vinicius casi se cae al agua y, para sostenerlo, presioné mi pierna en el extremo entre dos palos y un extremo me hirió. Creo que me rompí la pierna izquierda y estoy perdiendo mucha sangre, no puedo moverla. ¡Salva a mis hijos, por el amor de Dios!

– ¡Los salvaré a todos! ¡Vamos muchacho! – Aunque Noel gritó para hacerse oír, habló con firmeza y calma.

– ¡Vamos, Vinicius! ordenó Carlos.

El niño tomó la soga que Carlos había atado al mástil y se arrastró. Noel se inclinó para tratar de mantener el bote en la balsa. El fuerte viento levantó las olas e hizo que los botes se desequilibraran, la lluvia golpeó la cara y los brazos con tanta fuerza que dolió. Fue un rescate difícil y arriesgado.

– ¡Vamos muchacho! ¡Te sujeto! ¡No tengas miedo!

Y Noel tomó al niño y lo colocó sentado en el fondo del bote.

– Sujétate el banco y mantente quieto" – dijo Noel. Se inclinó nuevamente y gritó: ¡Ahora tú, Samuel! ¡Vamos!

Noel temía que el bote volcara, se levantó nuevamente para atrapar al niño que, como su hermano, gateó. Cuando vio a Samuel de cerca, se estremeció, se parecía mucho a Gabriel.

"¡Son hermanos!" pensó.

Con dificultad logró atraparlo y ponerlo al lado del otro. Ambos estaban callados, estaban asustados.

– ¡Ahora tú, Carlos! – gritó Noel.

– ¡No lo consigo! ¡Salva a mis hijos, Noel, por favor! ¡Déjame aquí! Si abandono el centro de la balsa, ¡girará!

Noel vio que su lesión era grave y que necesitaba ayuda con urgencia, le sangraba mucho la pierna. Sabía que Carlos tenía razón, la balsa podía girar, pero también podía, con la fuerza de las olas, soltar los palos, desmantelarse. Carlos sabía nadar, pero ¿podría hacerlo en la orilla con esa lesión? Ella anhelaba salvarlo, ayudarlo e insistió:

– ¡Vamos, Carlos! ¡Te estoy preguntando! ¡Te lo ordeno! ¡Vamos! ¡Puedes hacerlo! Te ayudaré

– ¡Lleva a mis hijos! La tormenta pasará. ¡Estaré aquí esperando!

– ¡Quiero salvarte, Carlos! ¡Arrástrate rápidamente!

Los dos barcos se balanceaban violentamente, las olas eran grandes, los rayos y los truenos eran más fuertes. Carlos se arrastró, y

cuando le dio la mano a Noel y lo jaló, la balsa giró
y el mástil cayó sobre Noel, golpeándose la cabeza.

– ¡Noel! ¡Por Dios! ¡Noel! – gritó Carlos
desesperadamente.

Noel sintió el ruido sordo, no el dolor.
Todavía veía las olas, Carlos tirando de él hacia el
fondo del bote. Se encontró pequeño, sus padres
sonriéndole, su matrimonio y Gabriel. Todo estaba
desapareciendo, borrándose lentamente y nada más
que vio o sintió.

EL GRAN CAMBIO

Noel se despertó, se estiró y respiró hondo, sintió el aire fresco entrar en sus pulmones. Recordó la isla y balbuceó:

– ¿Estoy en la isla?

Luchó un poco, trató de coordinar su pensamiento. Tuvo la sensación de despertarse en uno de esos días cuando lleva un tiempo descubrir la situación. Levantó la cabeza y miró el lugar. Estaba en una habitación grande con doce camas, cinco de las cuales estaban ocupadas por hombres dormidos. Noel los miró, no sabía nada. Él pensó:

"No estoy en la isla. No tendría que estar allí. ¿Dónde estoy?"

Los recuerdos llegaron. La presa, la tormenta, los botes agitados por el fuerte viento. Carlos y los muchachos.

– ¡Dios mío! ¡La tormenta! ¡Tengo que salvarlos! – Noel habló en voz alta, revolviendo la cama.

– ¡Por favor, señor Noel, cálmese!

– ¿Calma? – exclamó, hablando en voz baja.

Noel miró al joven que hablaba y lo examinó de arriba a abajo. El asistente, por lo que pensó que era, era alto, delgado, negro, con una sonrisa agradable, una de esas personas que solo buscan confiar. Esperó a que Noel lo mirara, luego dijo con calma.

– ¡Buenos días, señor Noel! Soy Breno ¿Cómo se está sintiendo?

– No sé qué responder, ¡estoy confundido! Me siento perdido ¿Estoy soñando? ¿Dejé el cuerpo?

Breno sonrió, Noel apoyó la cabeza sobre la almohada y le vinieron a la mente escenas del intento de rescate en la presa. Pasó una mano sobre su cabeza, notando cualquier herida.

– Gracioso, pensé que me hubiese lastimado. Breno, por favor respóndeme ¿qué pasó?

– ¿No quiere descansar? – Preguntó el chico.

– No, quiero saber qué pasó. Fue en medio de la presa, la tormenta era fuerte. Intentaba salvar a los muchachos con Carlos. Les hice lo que le haces a un amigo. ¿Y después? No recuerdo cómo salimos de allí. ¿Logré salvarlos?

– Sí, lograste salvarlos – respondió Breno.

– ¿Y por qué estoy aquí? El mástil cayó sobre mí. No sentí dolor, creo que me desmayé. ¿Estaba herido? ¡Responde por el amor de Dios! ¿Estoy soñando? ¿Por qué es que cuando soñamos nos preguntamos si lo estamos? – Noel estaba nervioso, habló mirando al joven.

– ¿No es mejor para usted dormir? ¿Descansar? – Preguntó Breno.

– Si quieres que duerma, entonces no estoy en un sueño. No estoy cansado Si quieres ayudarme, responde a lo que me aflige. ¿Dónde estoy? ¿Qué me pasó?

– Está en un hospital recuperándose.

– ¿Por qué no lo dijiste? Me lastimé y me estoy recuperando. ¿Cuántos días he estado aquí? preguntó Noel, tranquilizándose.

– Veinte días.

– ¿Todo esto? ¿He estado en coma? Me resulta extraño que me despierte dispuesto. ¿Qué hospital es este? ¿Sala colectiva? Breno, creo que es extraño. No es que piense que merezco un servicio diferente. Pero ¿por qué estaría en un hospital en una habitación colectiva? ¿Qué pasó realmente? ¿Desencarné? – Noel miró a Breno, que permaneció tranquilo, pensó que debería explicar:

– Breno, soy espírita y decimos que cuando el cuerpo físico muere, desencarnamos, y que la vida continúa sin saltos, sin grandes cambios. ¿Están pensando que el golpe me hizo perder el equilibrio?

– No, señor Noel, no creemos que tenga un desequilibrio, está muy bien. Para tranquilizarlo, le diré lo que pasó. Desencarnó. El mástil cayó sobre su cabeza y...

– ¿Desencarné? Pero ¿cómo? ¿Por qué? – gritó Noel.

– Esto sucede con todos los encarnados – respondió Breno.

– Ya le avisé a Gabriel que se despertó y pronto estará aquí.

Noel comenzó a llorar y comenzó a quejarse:

– ¡Yo desencarnado! ¡No es justo! ¡Tenía mucho que hacer en la Tierra! ¡Pobre de mí!

Habló sin parar. Breno se quedó allí mirándolo. Gabriel entró, lo besó en la mejilla. Noel, por primera vez, no le prestó atención y dijo:

– ¿Viste lo que me pasó, Gabriel? ¡Desencarné! Ni lo vi. Estuve allí en la Tierra, siendo útil, tratando de hacer el bien, tenía un cuerpo sano, muchos planes, la fábrica para cuidar y desencarné.

– ¡Papi, cálmate! ¡Tómalo con calma! Respeta a tus compañeros de cuarto, ¡están asustados!

Noel miró a los demás, tres de ellos estaban despiertos mirándolo, uno asustado; dos permanecieron tranquilos, parecían estar rezando.

– Disculpe – dijo Noel –. ¡Estoy indignado! Esto no debería haberme pasado a mí. Mucha gente quiere morir y me pasa a mí. ¿Por qué?

– Papá – dijo Gabriel con calma, ¿por qué te extrañas tanto? Todos los que están en el plano físico desencarnan, es cierto, natural, y nadie se encarna para siempre. Ya sabías esto.

– Saber es una cosa, cuando nos sucede es diferente – dijo Noel gimiendo.

– ¿Te arrepientes de haber salvado a Carlos y a los chicos?

– ¿Los salvé? Carlos estaba herido – dijo Noel.

– ¡Sí, lo hiciste! Carlos estaba realmente herido, todavía está en el hospital, tuvo que someterse a dos cirugías, estará bien – respondió Gabriel.

– ¿Fuiste feliz con lo que hice? preguntó Noel.

– Mucho. Les conté a todos mis amigos sobre tu acto heroico.

– ¡Pero morí! – exclamó Noel, suspirando.

– ¿Te arrepientes? – Preguntó Gabriel.

– ¡No! ¿Por qué me desencarné? No me respondas más porque fue porque estaba encarnado. ¡Esto es obvio!

– Tenemos tiempo para permanecer en el aprendizaje del cuerpo físico, cuando se acaba, tenemos que regresar a la verdadera patria – respondió el chico.

– ¿Por qué yo? ¿Por qué conmigo? Era joven, considerado guapo, hacía el bien – se quejó Noel.

Silencio Noel vio que Breno salió de la habitación y un caballero, un compañero de cuarto que lo miró con simpatía, dijo:

– Dios no solo quiere personas mayores. Es una persona privilegiada, se encarnó y fue rescatado sin pasar por el Umbral y tiene a su hijo cerca. Yo, mi querido, sufrí mucho en la zona Umbralina y tengo un hijo desencarnado que todavía está allí en ese infierno. Deberías pensar que somos sobrevivientes. Sí, sobrevivimos a la muerte del cuerpo. ¿No es fantástico?

El caballero se recostó en la cama y se cubrió la cabeza con la sábana. Gabriel tomó la mano de su padre y habló suavemente en un tono amoroso.

– Papá, la desencarnación no es un castigo, es una ley que debe enfrentarse con la madurez. La vida es única, solo cambiamos las etapas.

– ¡El gran cambio! – exclamó Noel.

– Estaré cerca, ¡ayudándote!

Noel vio que Gabriel se subió a un taburete para mirarlo de cerca y sostener su mano.

– Tienes pensamientos demasiado maduros para tu edad –. Gabriel se rio y respondió:

– Sabes por lo que estudiaste que somos espíritus con mucha experiencia, he usado mi tiempo para aprender. Noel lloró de nuevo.

– ¿Qué pasa, papá?

– ¡Lo siento por mí mismo! ¡Desencarnar no es fácil! ¡Rico! Atractivo. ¡Muero para salvar a una persona que ya me ha hecho daño! ¿De qué sirvió mi acto heroico? ¡Me morí!

– ¡Papi! ¡Basta! ¡Para con eso! Te estás sintonizando con personas que no entienden lo que realmente es este proceso desencarnatorio. Muchos encarnados que lo conocieron han pensado esto sobre el hecho. Deberías escuchar a los demás. ¿Qué tal pensar en el Centro Espírita y escuchar a los amigos allí?

Noel pensó en el Centro Espírita, por un momento se calmó y escuchó los incentivos:

"¡Señor Noel, que se encuentre bien! ¡Disfrute de la belleza allí! ¡Que las 'gracias', el 'Dios le pague' – lo acompañen! ¡Siéntase en paz! ¡Que Jesús esté a su lado!"

– ¡Qué hermoso y amable! exclamó Noel.

– ¡Siempre escuchamos a quien queremos! – dijo Gabriel –. No es que los otros comentarios sean malos. Viviste encarnado de tal manera que nadie te maldijo. Es por eso que estás aquí, en una Colonia maravillosa, rescatado y te recuperará rápidamente. Muchas personas que lo conocieron erróneamente piensan que lo que le sucedió fue un juicio, porque era joven, guapo, rico y una buena persona. Esto es común, casi en todas las desencarnaciones hay quienes piensan así, siempre encuentran algo por lo que sentir pena. Y como dijo su colega allí, todos somos sobrevivientes. Hay supervivencia después de la muerte. Por esta razón, repito: ¡la desencarnación no es un castigo! Solo con eso recibimos de inmediato el regreso de nuestros actos y nos dirigimos, por afinidad, a los lugares a los que tenemos derecho.

Noel quería afirmar sus pensamientos en el Centro Espírita, pero pensó en Nádia, Luciana, Dárcio, incluso en doña Marli, la secretaria, y comenzó a llorar de nuevo.

– ¿Qué será de ellos sin mí? ¡Seré extrañado!

– ¡Basta, papá! ¡No pensé que te arrepentirías de ti mismo! Puedes dormir ¡Cálmate! ¡Toma esta agua y duerme! ¡Espero que te despiertes mejor!

Gabriel nunca le había hablado así. Noel obedeció, tomó el agua y se durmió.

Se despertó dispuesto. Vio a Breno, quien le sonrió, respondió y preguntó:

– ¿Me puedo levantar?

– ¡Por supuesto!

Se levantó y fue a la ventana. Miró el jardín de flores y el hermoso cielo azul, ni siquiera en la isla lo había visto así.

– No es malo ser desencarnado, ¿verdad? – Preguntó mirando a Breno.

– ¡Está muy bien, señor!

– ¿Por qué me llamas señor? Si sigues llamándome así, también me referiré a ti en estos términos – dijo Noel.

– Está bien. Le haré saber a Gabriel que estás despierto y de buen humor – dijo Breno.

– Espera un poco más para llamar a Gabriel, quiero estar aquí solo para pensar. Ya no quiero arrepentirme de mí mismo. ¿Qué debo hacer para evitar que esto suceda? – Preguntó Noel.

– Es mejor ver lo hermoso que es aquí, entender que la vida continúa y que serás muy feliz en tu nuevo hogar – respondió el encuestado.

Breno se fue y el hombre que ya se había dirigido a él habló:

– Soy Francisco, por ahora somos compañeros de cuarto. No estés triste, tu situación es muy buena. He estado aquí por cincuenta y un días y no puedo levantarme de la cama, me siento mareado. Breno me dijo que tengo que superar mis problemas y aprender a vivir aquí con este cuerpo, el periespíritu, y deshacerme de los reflejos; es decir, la impresión que aún tengo de mi cuerpo físico que ya se ha convertido en polvo. Mi cuerpo carnal murió hace nueve años; por afinidades fui a Umbral, que para mí es un infierno. Sufrí mucho allí.

– ¿Cómo es el Umbral? preguntó Noel.

– Un lugar triste y feo. Aunque hay personas a las que les gusta, hay un gusto por todo. No me gustó. No era malo cuando estaba encarnado, pero era un bohemio, amante del placer, del sexo, gastaba mucho en una noche de orgía, pero, para dar limosna, me quejaba de las dificultades existentes. Tenía una religión de fachada, decía que era religioso, las enseñanzas dadas por ella, las encontraba bonitas, excepto que no las seguía, rezaba, pero siempre lo hacía para pedir favores.

– Las religiones, mi amigo, son flechas en el camino, hacer lo que hiciste no funciona. Viste las flechas, las admiraste y eso fue todo. Las flechas se deben ver, solo debemos pasar, caminar, y para caminar debemos tener fuerza, voluntad y estas vienen de nuestro interior – dijo Noel.

– Ahora estoy de acuerdo contigo. ¡Eso es todo! Simplemente pensé que mi religión era hermosa, no seguí sus enseñanzas. Caminar da trabajo y es muy fácil ver al otro hacer, preferiblemente, lo que depende de nosotros hacer.

– Sigue hablando del Umbral – dijo Noel.

– No fuiste allí y sabes mucho.

– Leí sobre estos temas en los libros.

– ¿Eras espírita?

– Sí, lo fui.

– Ahora entiendo por qué estás tan bien informado que debes haber visto las flechas y caminar. No me gustaba el Umbral y doy mil gracias por haber sido temporal. Cuando estuve allí, sentí hambre, sed, frío, calor y mucho dolor. Me quedé en un rincón fétido y fangoso. Me rebelé en los primeros años, luego comencé a comprender que merecía estar allí, lamenté mis errores, quería mejorar y, algún tiempo después, me ayudaran. Entendí una cosa importante: que la vida es una, seguimos como estábamos, la desencarnación, por sí misma, no cambia a nadie. Siempre recuerdo que cuando era una persona física, tenía un vecino muy honesto, una buena persona, y lo llamé un tonto por no disfrutar de la vida como yo, pero fue él quien la usó bien. También hizo sus planes, vino aquí y lo está haciendo muy bien, continúa como siempre, honesto, trabajador y bueno.

– ¿Trabajador? preguntó Noel.

– Por supuesto. Aquí, mi amigo, es actividad. Breno nos cuida, está trabajando. El cielo inactivo no existe. He estado pensando mucho y no quería hacerlo, no quiero estar en un cielo donde no se hace nada. Sé que en este momento estoy en necesidad y que necesito mejorar mucho, pero para mí sería desafortunado quedarme en un lugar de deleite y recordar a amigos, personas de quien gusto sufriendo. Tengo un hijo que está en Umbral, sé que él, como yo, puede ser rescatado y venir aquí. Eso me consuela y me anima a mejorar y quiero aprender a ayudar a otras personas a quedarse también. ¿No es maravilloso? ¿No es una comprensión de la bondad de Dios? Ahora me parece incoherente tener un lugar de felicidad donde los que están allí, ya saben, ven a los que sufren y no quieren, no pueden hacer nada para ayudarlos. Tal lugar no sería para el bueno, sino para el egoísta. No sería feliz en un lugar así. Si no lo fuera, imagina quién tiene más conocimiento, fue y es realmente bueno. Mi hijo y yo no éramos tan malos como para sufrir por mucho tiempo, ni buenos para merecer venir aquí de inmediato, un hermoso lugar para recibir ayuda. Para usted, el Umbral es un lugar de sufrimiento, un hogar temporal para los imprudentes, donde uno aprende, a través del dolor, lo que se negó a hacerlo por amor. Estoy hablando mucho, le dijiste a Breno que querías pensar. Bueno, piensa, amigo, solo no estés triste.

Francisco se calló, Noel volvió a mirar el jardín, pensó en Dárcio, se sintió triste y preocupado por la fábrica, se dio cuenta de que pensaba que su muerte era trágica y que era Carlos quien debería haber muerto. En ese momento sintió que su amigo estaba rezando por él, una oración muy hermosa, lo sabía, estaba en la Colección de Oración Espírita.

Noel se conmovió e intentó hacer lo que Gabriel le había recomendado: prestar atención a las oraciones que recibía e intentar no estar en sintonía con quienes se lamentaban de su desencarnación. Y solo tenía que agradecer, no había ido a Umbral y estaba con su hijo. Pero, aun así, sintió lástima de sí mismo. ¿Qué le pasaría ahora? ¿Se acostumbraría a la nueva vida? Ya no podía volver a lo físico, no en su viejo cuerpo. Las lágrimas corrían por su rostro. Dormía, se acostaba y dormía.

– ¡Papi! ¡Despierta! ¡Tienes demasiado sueño!

Gabriel volvió a subirse al taburete y lo despertó con besos. Noel se despertó sintiéndose bien.

– ¡Hijito! ¡Qué lindo despertarse con tus besos!

– Vine a llevarte al jardín – dijo el niño.

– Gabriel, te veo como desencarnaste, de casi cuatro años, pero tienes las actitudes, el conocimiento de un adulto.

– Papá, para vivir aquí en Colonia, hacer mi trabajo, me presento como adulto; para ti, como yo desencarné, porque así es como piensas de mí, que me tienes en la memoria – respondió Gabriel.

– Hijo, quédate con el aspecto como trabajas aquí, ya no tienes que tener apariencia infantil – dijo Noel.

– Así será.

Cambió, se convirtió en un hombre joven, muy guapo, permaneció rubio con ojos azules.

– ¡Fantástico! ¿Cómo hiciste esto? – Preguntó Noel maravillado.

– El periespíritu es modificable, basta aprender a hacer esto. He aprovechado bien mi tiempo para aprender y esto me ha dado madurez. Cuando desencarné, pasé unos meses en la escuela, en Colonia. Los niños, cuando desencarnan, se estudia cada caso. Algunos reencarnan pronto, otros crecen en el mismo proceso físico y otros, como yo, vuelven a ser como eran antes de reencarnarse.

– Gabriel, ¿qué haces aquí? ¿Dónde trabajas? – Noel quería saberlo.

– Trabajo en el Centro Educativo, cuido niños, entreno para reencarnar siendo pediatra – respondió Gabriel.

– Nos parecemos a dos hermanos. Por favor, hijo, sigue llamándome papá.

– ¡Por supuesto papá! Siempre te llamaré así.

– Nunca me llamaste señor. Incluso cuando quería enseñarte, insististe en tratarme de tú.

– Sé que no te gusta que te llamen de señor.

– ¡Es verdad!

– Toma este caldo, ¡está rico! – Gabriel le ofreció un plato de sopa muy fragante.

Noel comió, encontró la comida realmente sabrosa, preguntó:

– ¿Tú te alimentas?

– No, ya aprendí a nutrirme del aire, del sol, de la naturaleza. Pero hasta que aprendas, tendrás que comer. Para no sentir la falta de comida, es solo tener plena consciencia que ahora vives como desencarnado.

– ¿Mucha gente se sorprende de que los desencarnados se alimenten? – dijo Noel.

– Aunque no hay muchas diferencias entre los dos planos, la mayoría, al desencarnarse, sienten mucho. ¿Imagínate si todo fuera muy diferente? Vamos a dar un paseo.

Gabriel ayudó a su padre a cambiarse el pijama por otra ropa, pantalones y camisa sencilla, muy limpia y con buen olor. Salieron de la habitación y Gabriel fue explicando:

– Estás internado en el hospital de una Colonia que se encuentra en el espacio espiritual de la región de la ciudad donde viviste. Ella es pequeña, muy hermosa y organizada. El hospital es grande, porque hay muchos imprudentes. Esta parte, o ala, es para aquellos que están bien y que pronto podrán salir del hospital.

— Gabriel, esto es lo que me preocupa. ¿Qué voy a hacer aquí? No te rías de mí, tengo miedo a lo desconocido.

— No, papá, no me reiré de ti. Esto pasa mucho aquí. La persona extraña lo que amaba, las cosas que se quedaron allí, en el plano físico. Hubo un cambio, dejaste todo y aquí está viendo otros lugares, tendrás que vivir con otras personas y puedes sentirte inseguro. Existe el término "adaptar", que asusta a algunos, pero esto es lo que debe hacerse: adaptación. Aceptar la desencarnación es fundamental, querer mejorar es muy importante. ¡No alimentes el miedo!

— Cuando fui a la isla, dejé todo y me quedé por años, allí era diferente y me acostumbré. Sin embargo, sabía que podía regresar cuando quisiera y que ahora, en este cambio, no puedo regresar.

— Es por eso que muchos se refieren a la desencarnación como un cambio sin retorno. Uno no puede regresar, no como encarnado en el mismo cuerpo. Al hacer esto, reencarnamos, volvemos a ser fetos, niños, viviendo con otras personas, en otra existencia física. Pero podemos ir a la Tierra, tan desencarnados, como lo hice cuando te visité.

Cuando llegaran al jardín, Noel observó todo en detalle: había árboles en flor, muchos canteros bien mantenidos, muchas bancas. Se sentaron en una. Noel estaba encantado, cuando se dieron cuenta, estaba boquiabierto. Se rieran.

– ¡Qué hermoso Gabriel! ¡Qué hermoso es aquí!

– ¡Aquí es simple, papá! Cuando hay equilibrio entre las personas, la naturaleza se vuelve más bella.

– Gabriel, ¿qué me pasó a mí, Carlos y los niños?

– La balsa se volcó, el mástil cayó sobre ti, golpeándote la cabeza, sufriste un trauma grave y tu cuerpo físico murió. Pudimos desligarte de inmediato y traerte aquí, ponerte a dormir para que los muchos comentarios no te golpeasen. Tu desencarnación fue lamentada, papá, dejaste mucho cariño.

– ¡Me hice amigos de los enemigos! – exclamó Noel.

– ¡Es verdad! Fue genial haber hecho esto. Continuaré contando lo que pasó. Carlos, incluso con mucho dolor, se las arregló para subir al bote, levantarte y dejarte en el fondo. En esto, una ola más grande rompió la balsa, los palos se soltaron. Con esfuerzo, condujo el bote hacia la orilla. Cuando llegó y vio gente a su alrededor, se desmayó. Dos médicos que estaban en la fiesta te examinaron, se dieron cuenta de que habías fallecido y que Carlos necesitaba ayuda urgente, trataron de detener el sangrado y lo llevaron al hospital. Allí fue constatado que tu cuerpo físico estaba muerto y Carlos estaba medicado. Si hubiera retrasado más el rescate, Carlos no habría soportado y también habría desencarnado. Estuvo hospitalizado durante muchos días, se sometió a dos cirugías y estará discapacitado, tendrá dificultades para caminar. Mis hermanitos están bien, no sufrieron nada.

– Yo, que insistí con Carlos en ir al bote, temía que la balsa girara. Cuando vi la herida de su con la pierna y la sangre que fluyeron, me di cuenta de que era grave y que necesitaba una ayuda rápida. Gabriel, ¿no será que Carlos será considerado culpable? Para muchos, aun éramos enemigos – dijo Noel.

– Casi sucedió. El cuidador vio todo, mientras miraba a través de los binoculares. Cuando Carlos llegó al banco, había muchas personas con Nádia, porque ella fue a la fiesta a pedir ayuda, solo que no vieron lo que había sucedido. Hablaron mucho después de que te llevaran al hospital. Dárcio se acercó al cuidador y le dijo: "Chico, si viste todo, di la verdad, justo lo que viste. Habla como si estuvieras en la presencia de Dios y no mientas." Y el niño dijo la verdad. Incluso tuvo ganas de inventar, pero lo que Dárcio le dijo se quedó en su mente: "en presencia de Dios." Y todos entendieron que fue realmente un accidente.

– ¡Dárcio, siempre honesto! Me alegra que haya hecho eso. Sería injusto para Carlos ser acusado de algo que no hizo.

– ¡Dárcio es realmente una persona excepcional! – exclamó Gabriel.

– Hijo mío, ¿interferiste en mis decisiones? – Noel quería saberlo.

– No, papá, nunca lo hice. Tenemos nuestro libre albedrío, tanto que somos responsables de lo que hacemos. Forzar a alguien no es correcto y los espíritus que tienen conocimiento, los buenos, no hacen esto. Forzar es obsesión. Podemos orientar y escuchar a quien queramos. Los encarnados tienen orientaciones de otros encarnados, reciben influencias de los desencarnados y este consejo puede ser bueno o malo; atienden a lo que quieren. Acabé aconsejándote. Tú decidiste por ti mismo.

– No pensé en morir cuando fui a salvar a Carlos y sus hijos. Estoy feliz de haberlos salvado. ¡No me arrepiento!

– Papi, era la hora de que regreses al Plano Espiritual. Sabiendo esto, te aconsejé que no buscaras a Maria Inés en el pueblo y afortunadamente me atendiste, evitaste que la dulce maestra sufriera más. Tu regreso, tu boleto de avión, estaba programado para ese día. Si no hubieras ido a salvarlos, algo habría impedido que tu cuerpo físico funcionara – explicó Gabriel.

– Hijo, siempre me gustaran las tormentas. Nunca me asustaran los rayos o los truenos. Desde que era pequeño tuve la sensación de que un rayo me liberaría, no podía entender por qué pensaba así. ¿No sería un rayo que me libertara del cuerpo físico? – Preguntó Noel pensativamente.

– Podría ser papá. Cuando nuestro tiempo en lo físico expira, las razones para que ocurra la desencarnación son muchas. ¡La materia carnal es tan frágil!

– Qué bueno que fui e hice a Carlos lo que le haría a Dárcio. Si tengo que cambiar mi plan, hice mi gran cambio, haciendo algo que debería haber hecho: "¡Amaba a mi enemigo!"

– Papá – dijo Gabriel lentamente – realmente podemos referirnos a la aprobación de planes como cambio. Pero solo cambiamos incluso cuando nos transformamos para mejor, cuando, conscientemente, progresamos. Porque, mi padre, podemos reencarnar veinte, cincuenta o más veces, mudarnos allí, regresar aquí, pero si no somos conscientes de que se trata de hechos externos y que debemos hacer el gran cambio, la transformación de mejora, siempre estaremos sintiendo este pasaje. Me alegra que hayas disfrutado bien de esta encarnación.

– ¿De verdad lo crees, hijo?

– Sí, pusiste fin a un desacuerdo, hiciste bien, te disculpaste sinceramente con aquellos que ofendiste, trataste como amigo al que fue clasificado como enemigo, administraste correctamente los bienes materiales, te alimentaste espiritualmente con buenas lecturas, oraciones y aprovechaste la oportunidad para aprender, estudiar – respondió Gabriel.

– ¿No podría haber hecho todo esto aquí?

– En lo físico encontramos problemas, conflictos, resistencia, la ilusión de la materia tiene un fuerte dominio, y estas son todas las pruebas que hay que superar. Podemos aprender aquí, pero es en las dificultades que experimentamos cuando encarnamos que nos demostramos que realmente aprendemos.

Noel suspiró, se conmovió, estuvieron callados por un momento, Gabriel lo abrazó.

– Bienvenido, padre mío, al Plano Espiritual. ¡Que seas feliz aquí con nosotros! – exclamó Gabriel.

Lloraron de emoción. No se llora solo por el dolor, también lo hacemos cuando la paz nos invade, cuando nos sentimos bien con nosotros mismos. Recuerdo un día cuando un amigo mío me dijo:

"Antônio Carlos, ¡lloré de alivio porque no tenía remordimiento!" ¡Qué llanto bendito! Así, si todos hiciéramos el cambio de planes como Noel, de bien con todos, sin enemigos, con la conciencia tranquila, sin errores, sin remordimientos y haciendo lo que debería haber hecho, podríamos llorar conmovidos, porque habríamos aprovechado la oportunidad de reencarnación. Noel demostró que aprendió y mereció ser recibido en un lugar de dicha. Él, como nosotros, todavía tiene mucho que aprender para demostrar que realmente asimiló el aprendizaje, experimentar lo que aprendió a diario y progresar siempre. Este es su objetivo y debería ser el nuestro.

– Tengo sueño, Gabriel. Quiero volver a la habitación y estoy listo para recuperarme pronto. Ya nada me da miedo. Me encantará estar aquí y todo lo que se me ofrece. Quiero ser útil y dejar de ser dormilón – dijo Noel.

Gabriel lo acompañó, lo ayudó a acomodarse en la cama y sintió el beso en la mejilla.

– ¡Qué bueno es ser amado! – exclamó, sonriendo.

– ¡El amor se gana, recibimos cuando damos! – dijo Gabriel mirándolo con cariño.

Noel se durmió con calma.

LA REVELACIÓN

Los días pasaran rápidamente. Noel, solo o acompañado por Gabriel, visitó casi todo el hospital, pero solo no fue a la parte donde los rescatados están en un estado de gran sufrimiento. Siempre iba al jardín, hablaba mucho y el tema favorito de los internos y los recién desencarnados era cómo fue el cambio de plano, la nostalgia de los seres queridos que se quedaban en la Tierra e incluso el miedo a la nueva forma de vida. Noel se alimentaba dos veces al día y esperaba no tener que hacerlo más. Siempre le gustó dormir y todavía lo hacía mucho; sin embargo, ya no quería quedarse dormido.

Una tarde, estando en el jardín, Celina se sentó a su lado y comenzó a hablar, después de que Noel contó su historia en pocas palabras, terminó:

– Han pasado treinta y dos días desde que desencarné y ya me siento muy bien. Espero hacer algo útil y participar activamente en la vida aquí. Cuéntame sobre ti ahora. ¿Qué pasó, Celina, para cambiar de plano tan joven?

– No hay una edad adecuada para volver al Plano Espiritual – respondió Celina sonriendo –. ¡Mi historia es melancólica! ¿Podría ser, Noel, que hay una historia de vida sin ser triste?

– ¡Por supuesto que las hay! – exclamó –. A veces pensamos que nuestra historia es muy triste, quizás porque tendemos a la autocompasión y casi siempre recordamos los eventos que nos causaron infelicidad. Pero ¿quién no tiene momentos felices para recordar? Se trata de educarnos a nosotros mismos. Estoy tratando de educarme y ver los dos eventos y valorar lo bueno, lo agradable. Te conté lo que me pasó que me entristeció, pero también hablé sobre los buenos momentos, el amor de mis padres, Gabriel, el ángel de mi vida, la amistad que tuve, los días tranquilos que pasé en la isla, el esfuerzo que pasé. Me convertí en un amigo de quien una vez pensé que era un enemigo.

– Es verdad, seré tu reflejo y trataré de hablar sobre los buenos y malos momentos – dijo Celina hablando lentamente y, por primera vez, trató de no recordar solo las desgracias –. Tenía una familia maravillosa, aunque con problemas, ahora sé que eran dificultades que todos los encarnados tienen. Éramos pobres, entiendo que no tener dinero era bueno para mí, me llevó a trabajar, a estudiar para mejorar mi vida. También tenía muchos amigos, sentían mi desencarnación, siempre me gustaba hacerles favores, a quienes retribuían.

– ¿Eres de esta región? Encarnada, ¿viviste en el plano físico al que está vinculada esta Colonia? – Preguntó Noel aprovechando la pausa de Celina.

– Nací en esta región, me mudé a otra cuando era pequeña. Una tía mía, que vive en esta Colonia, me ayudó cuando murió mi cuerpo físico y me trajo aquí. Seguiré hablando de mí. Tuve una infancia feliz, adolescencia sin mayores problemas. Era adulta cuando conocí a Lair, fue una noche, estaba en un bar con mis amigos. Se detuvo frente al bar, estaba en un auto nuevo, muy hermoso y costoso. Nos interesamos en ese apuesto joven y me alegré cuando me prestó atención. Comenzamos a salir, Lair me dijo que se interesó en mí por mi hermoso cuerpo. Como novio, me dio regalos caros y también regalos a mi familia. Mi padre lo sospechaba, no le gustaba, mi madre pensó que era el partido ideal para mí. Nos dijo que tenía un estacionamiento de autos, compraba y vendía vehículos. Nos llevó a ver el lugar.

Fue en otra ciudad, en la capital del estado. Para mi madre, hermanos, todo estaba bien, excepto mi padre, quien dijo que tenía la intuición de que algo no estaba bien. Riendo, lo llamamos celoso. Confieso que estaba emocionado por la ostentación de mi prometido, pero lo amaba. Quería que viviéramos juntos en la ciudad donde vivía, pero mis padres solo se irían si nos casáramos. Lair luego confesó que estaba casado, había contraído matrimonio muy joven, estaba separado, y que su ex esposa se fue al extranjero y él no sabía dónde estaba para divorciarse. Decidimos casarnos solo por lo religioso. Fue una fiesta hermosa y estaba muy feliz. Hizo todos los gastos y les dio a mis padres un auto nuevo. Mi padre lloró cuando se despidió de mí y dijo: "Hija, nuestra casa es tuya, vuelve cuando quieras."

– Hicimos un hermoso viaje – continuó Celina – y me sentí muy feliz. Nos fuimos a vivir al departamento donde él vivía. Lair me dejó decorarlo y lo hice con mucho amor. Pensé que mi esposo trabajaba mucho y que a veces me resultaba extraño. Se quedaba muchas noches fuera de casa. Cuando me quejé, justificó que estaba haciendo negocios. Para complacerme, me daba muchos regalos. Viajé mucho con él y siempre, en esos viajes, me dejaba en el hotel y pasaba las noches en reuniones de negocios. Quería tener hijos, él no, incluso era reacio a la idea. Él dijo: "Celina, no quiero un hijo, el embarazo te hará engordar, si esto sucede, no te querré más."

Pensé, la primera vez que me dijo esto, que estaba bromeando, me entristeció escucharlo repetirlo y sentir que mi esposo realmente pensaba eso. Comenzamos a pelear, sospeché que tenía otra para quedarse muchas noches lejos de casa. Lair estaba muy nervioso y no quería explicar por qué. Me pidió que estuviera tranquila, estaba agitado porque los negocios no iban bien y me amaba.

Una noche, cuando llegó tarde y me quejé, me dijo que estaba harto de mí y que se suponía que debía irme, volver a la casa de mis padres. Lloré mucho; ofendido, al otro día temprano en la mañana, me fui, volví con mi familia. Solo que días después descubrí que estaba embarazada.

Pensando que nuestra pelea había sido sin razón, decidí regresar y llevarme bien con él. Lair me recibió con cariño, dijo que echaba de menos la casa y me quería allí, que resolvería sus problemas y se dedicaría más a mí. Me sentí feliz de nuevo. Al otro día, por la mañana, le dije que estaba embarazada, mi esposo se asustó y no dijo nada. Esa noche tomamos un vino, pensé que era para celebrar. Me sentí somnolienta y me desperté en el hospital. Le pregunté a la enfermera:

"¿Estoy en un hospital? ¿Qué estoy haciendo aquí?"

"¿Por qué pregunta esto? ¿Olvidó lo que pasó? Está aquí por el aborto que tuvo" – respondió la señora. "¿Tuve un aborto? ¡Dios mío! ¿Perdí a mi hijo?" – dije angustiada poniendo mis manos sobre mi barriga.

"¡Por favor no finja, no tuvo un aborto, se hizo un aborto! ¡No perdió a su hijo, no lo quería!" exclamó la enfermera.

"Por favor – dije –, no entiendo. Contéstame: ¿He perdido a mi hijo?"

"Niña, sabemos muy bien cómo distinguir un aborto natural de uno provocado. ¿No lo recuerda? Tomó medicamentos para el dolor de estómago y los puso en el útero. Expulsó al niño y sufrió una hemorragia y la trajeran aquí. No se preocupes, no corre riesgo de vida, pero su pequeño hijo murió. ¡Ahora descanse!"

– Lloré mucho, en silencio en esa cama de hospital. Las enfermeras no me creyeran, no les importaba, sentí la pérdida de mi hijo. Regresé a nuestro apartamento al otro día. Lair me estaba esperando y en la entrada había dos hombres.

"Celina, estos son dos guardaespaldas" – explicó.

"Lair, quiero saber qué pasó. ¿Por qué perdí al bebé?"

"Estábamos hablando y te desmayaste, vi que estabas sangrando, me asusté y te llevé al hospital y tuviste un aborto" – dijo en voz baja.

"La enfermera me dijo que causé el aborto, que tomé medicamentos" – dije.

"Ella debe haber estado confundida, estas enfermeras no saben nada. Sin embargo, me alegro de que estés bien, Celina, no quiero tener más hijos. Te perdiste este y siento como una señal de no intentarlo más. ¡No quiero hijos! ¿Entendido? ¡No me engañes!"

"Lair, ¿por qué tener guardias de seguridad?" – pregunté cambiando de tema.

"Nada especial. No he agradado a mis competidores y porque también ha habido muchos robos por aquí y se ha convertido en un lugar peligroso. Por favor, Celina, no salgas del apartamento sin avisarme y descansa, el médico te ha recomendado que descanses."

– Realmente no tenía ganas de salir y me estaba recuperando, estaba triste. Llamé a la casa de mis padres, les conté sobre el aborto, no hablé sobre lo que sucedió, porque no entendí. Mi padre me habló y me preguntó:

"¡Por favor, hija, ven a casa!"

Le dije a mi papá que no se preocupara por mí, estaba bien. Lair estaba muy nervioso, trató de ser amable conmigo. Tres días después de regresar del hospital, eran las cinco en punto, escuché un ruido en la lavandería del apartamento. Estaba en el dormitorio, fui a la sala de estar, iba a ver qué hacía el ruido, cuando me enfrenté a dos hombres encapuchados y armados que dispararon, impactándome en varias partes de mi cuerpo. La puerta se abrió y los dos guardias de seguridad entraron y también fueron alcanzados.

Aterrada, me levanté y me paré en una esquina de la habitación, vi a los dos asesinos patear los cuerpos de los guardias de seguridad y escuché a uno de ellos hablar:

"Si no tuviéramos prisa, torturaría a este sinvergüenza de Lair. ¡Salgamos de aquí!"

Salieron rápidamente por la puerta principal. Estaba encogida, aterrada, pensé que era demasiado afortunada de que no me vieran. Suspiré y miré al piso y me encontré a mí misma sangrando. Me pasé la mano sobre mi cuerpo, no había heridas, volví a mirar al suelo. Allí estaban los tres cadáveres. Me desmayé.

Desencarnamos los tres. Cuando fui alcanzada, el susto, el impacto me hicieran levantarme y lo hice con mi periespíritu. Dejé el cuerpo físico, tenía tanto miedo y estaba tan confundida que me quedé dormida. Entendí esto después de un tiempo que estaba aquí. Desperté y estaba acostada en una cama aquí, en el hospital. Fue esta tía quien me ayudó quien me habló y me lo explicó. Me sentí aliviada de saberlo todo, era mejor saber la verdad que pensar que estaba loca

– Celina, ¿no te apetece vengarte? – Preguntó Noel, conmovido por la historia que escuchó.

– ¡Yo no! Quien quiera vengarse tiene que conectarse con los desafectos. Ni siquiera conozco a esos asesinos y no quiero estar cerca de ellos. No tengo cólera de nadie y no quiero venganza.

– ¿Amas a estos asesinos? – Noel quería saberlo.

– ¡No! No los amo ni los odio, son indiferentes para mí.

– ¿Sabes por qué te mataron?

– Mi tía me lo dijo. Lair es un ladrón de autos. Luchó con bandidos rivales. Su primera esposa tenía veintidós años cuando, por esa razón, también fue asesinada con su hijo de un año. Lair ya ha asesinado a varias personas, bandidos como él. Tenía miedo por mí, por eso quería que me quedara con mis padres. Cuando regresé, dejó dos guardias de seguridad para protegerme. En cuanto al aborto, la enfermera no se equivocó, puso una droga en el vino que me hizo dormir y luego me hizo tomar la medicina para el aborto y me llevó al hospital cuando comencé a sangrar. La pelea con la pandilla rival no se detuvo con mi muerte física, continuó dando como resultado la desencarnación de muchos. Lair está encarnado, solo con mi asesinato tuvo que huir para no explicarle a la policía. Se fue, tiene otro nombre y otra mujer, no sintió mi muerte, pensó que yo era mejor que él. No estoy enojada con él y deseo en mi corazón que cambie y sea honesto.

Si él no lo sintió, mi familia sufrió mucho por mi desencarnación.

– Lo hiciste bien, Celina, si hubieras pensado en la venganza, no estarías aquí en este hermoso y tranquilo lugar. Quizás estaría en Umbral, sufriendo por hacer sufrir a otros – dijo Noel.

–Noel, creo que no necesitamos hacer sufrir a nadie. Tenemos un retorno de nuestras acciones. Mi desencarnación violenta debe ser una reacción, no sé qué acción hice, tal vez lo sabré algún día. Pero sé que me demostré a mí misma que soy capaz de perdonar y no querer venganza.

Hablaran un poco más, Celina se despidió y volvió a su habitación. Noel pensó y entendió que la mayoría de los desencarnados tienen una historia. Encontró a Celina prudente, no queriendo vengarse y que ella realmente había pasado una prueba. Muchos hablan de perdón, pero solo podemos decir que podemos perdonar cuando tenemos razones y lo hacemos.

Regresó a su habitación. El otro día, acababa de despertarse cuando Gabriel entró en la habitación y dijo alegremente:

– Papi, vamos al jardín, ¡tenemos una sorpresa para ti!

– ¡Papá! ¡Mamá! ¿Son ellos los que vinieron a verme?

– No estropees la sorpresa. ¡Vamos luego! – dijo Gabriel riendo. Cuando Noel los vio a los dos en el jardín, de pie frente a una banca, corrió hacia ellos, abrazándolos. Lloraran de emoción, la madre lo besó.

– Por favor, mami, ¡dame más besos! ¡Qué bueno es el abrazo de papá, los besos de mamá! – exclamó Noel.

Gabriel se alejó, los tres se sentaron juntos en el banco y guardaron silencio durante unos minutos, felices por la reunión.

– ¿Cómo estás hijo mío? No habíamos venido a verte antes porque teníamos miedo de emocionarte demasiado. Gabriel nos daba noticias – dijo Ari cariñosamente.

– Estoy bien papá.

– Vivimos en una casa muy hermosa con tres amigos y ya hemos arreglado tu habitación, te quedarás con nosotros – dijo Mara.

– ¡Qué bien! ¡Estaremos juntos de nuevo! exclamó – Noel alegremente.

– Hijo mío, ¿estás con ganas de volver a la Tierra? ¡Por favor no vuelvas! Prométeme que no lo harás. Incluso si tienes ganas, no lo hagas. Dame tu palabra de que no te irás de aquí sin permiso – declaró Ari suplicante.

– No te preocupes papá, ni siquiera pensé en volver a la Tierra.

– Ari, no molestes al muchacho – pidió Mara –. No estaba apegado a la materia, no dejó afecto allí, nosotros los que lo amamos estamos aquí. No querrá volver. Mi pequeño Noel, voy a contarte cómo es la vida aquí, nuestra casa es muy hermosa, tiene un jardín con muchas plantas a tu gusto.

– ¿Qué haces aquí, mamá? preguntó Noel.

– Trabajo en el Centro Educativo, ayudo a cuidar a los niños – respondió Mara.

– ¿Trabajas con Gabriel? – Noel quería saberlo.

– Gabriel trabaja allí, pero en otro sector. Su trabajo es muy importante. ¡Es un doctor estudioso! ¡Mi nieto es importante! – exclamó Mara.

– ¿Y tú qué haces papá?

– Trabajo en el sector textil. Aquí, Noel, nada aparece de la nada, todo es el resultado de actividades, del trabajo. Realmente me gusta lo que hago. Estamos, Mara y yo, tomando aprendizajes del Evangelio y estudiando para obtener conocimiento. También soy parte de un grupo que lleva a los niños a caminar – respondió Ari.

Charlaran con entusiasmo. Noel estaba muy contento con la visita de sus padres y sabiendo que viviría con ellos. Días después, estando bien, se le permitió salir del hospital y lo hizo con los tres, sus padres y Gabriel. Caminaron lentamente por las calles arboladas y muy limpias y Noel admiraba todo.

— Aquí, mi hijo, está el edificio administrativo, allí, el Departamento de Reencarnación, al otro lado está el teatro, donde escucharemos muchas conferencias interesantes, veremos obras de teatro y musicales – explicó Mara.

— Del otro lado están las escuelas, y en esta otra avenida, encontraremos mi lugar de trabajo –, dijo Ari.

Noel quería registrar toda la información, quería ver todo con más detalle, se dio cuenta de que tendría mucho tiempo para esto. Sus padres estaban felices y él se dejó tocar por su entusiasmo. Realmente le gustó lo que vio como una ciudad proyectada, hermosa y simple. Los grandes edificios abiertos sin lujo, eran el lugar de trabajo de muchos residentes y pasaban por las avenidas, todo parecía bien, sin prisas y saludándose.

— ¡Qué lindo si fuera así en la Tierra! – dijo Noel.

— Te recuerdo, papá, ¡esta también es la Tierra! Estamos en el espacio espiritual del planeta y somos sus habitantes – explicó Gabriel.

– Y para ir a Centro Educativo, solo sigue esta avenida a la izquierda. Seguiremos adelante y pronto llegaremos a nuestra casa – dijo Mara, mostrando con su mano.

Y llegaron pronto. Noel pensó que la casa era linda, estaba pintada de azul y blanco, rodeada por un jardín con muchas flores. Entraran, y en el área delantera había tres personas que Mara presentó:

– ¡Aquí está nuestro Noel! Hijo mío, esta es María Dolores, a la que llamamos Tiniña; este es Emilio y este es Geraldo, amigos que viven con nosotros.

Abrazaran a Noel, dándole la bienvenida. Pronto Emilio y Geraldo tuvieron que irse, fueran a trabajar y Noel pidió permiso para ver la casa. Tenía seis habitaciones, una para cada residente. Mara y Ari tenían habitaciones separadas por privacidad. Su madre le mostró todo.

– Esta sala es una sala de visitas, aquí en la Colonia siempre visitamos, esta es para las comidas y la cocina, no tenemos mucha comida, me abastecí para servirle, rara vez comemos, y cuando lo hacemos, está en el lugar de trabajo. ¡Aquí está tu habitación!

Noel entró y se conmovió. La decoración era simple, tenía todo lo que necesitabas, encima de una pequeña mesa estaban sus libros, aquellos sobre estudios de la Doctrina Espírita.

– Gabriel los formó para ti, creímos que te gustaría releerlos. Y, si quieres leer a otros, solo ve a la biblioteca. ¡Te llevaré allí! Ahora te dejaré, siéntete a gusto.

Mara lo dejó solo, Noel examinó todo, tomó los objetos, los estudió en detalle.

"La impresión que tengo es que estoy en lo físico. No debo sorprenderme. Ahora vivo con el cuerpo periespiritual y usaré objetos de la materia de este cuerpo. Esto es para que siga viviendo sin muchos cambios", pensó.

Salió de la habitación, caminó por la casa y continuó observando. Todo fue acogedor, servicial, y lo encontró muy hermoso. Luego fue al jardín, quedó encantado con las flores, las miró durante mucho tiempo. Asombrado por la noticia, ni siquiera vio pasar el tiempo. Estaba oscureciendo cuando su madre lo llamó para tomar un caldo. Y Gabriel fue a verlo.

– Papá, la abuela mañana te llevará a la biblioteca y te inscribirá en el curso de Evangelización, donde estudiarás las enseñanzas de Jesús con otros. También tomarás un curso para aprender a volitar y otro donde tendrá conocimiento de cómo alimentarte aquí. Y luego puedes hacer un estudio para conocer el Plano Espiritual.

– Gabriel, quiero hacer algo. ¿No puedo cuidar el jardín?

– Por supuesto, te traeré un manual sobre cómo cuidar las plantas aquí. También voy a pedirte que vayas con el abuelo a su trabajo y sirvas allí durante algunas horas – dijo Gabriel.

Al día siguiente, temprano, Gabriel le trajo el manual y Noel leyó y releyó la información sobre cómo cultivar las plantas y luego fue al jardín a trabajar. Con los cursos y dos horas de trabajo con su padre, Noel tenía mucho que hacer y esto le hizo mucho bien. Siempre hablaba con los otros residentes de la casa, hablaban sobre el trabajo, sobre los eventos del día a día, siempre estaban felices y le ayudaban. Noel los encontró amigables y le gustaran.

Encontró la biblioteca muy interesante, un espacio cómodo, con muchos estantes con diferentes títulos y solo con buenos libros, aquellos que enseñan, aclaran lecturas que dan consuelo. El edificio era grande, dividido en varias salas para diversos temas. Noel se interesó en las ciencias religiosas y biológicas. Mucha gente trabaja allí e informa exactamente lo que el lector quiere saber. Noel tomó muchos libros y los leyó con interés; cuando quería saber algo más y explicación de un tema, el personal de la biblioteca con gusto lo explicaría.

Por la noche, Noel y sus padres siempre estaban en la sala hablando, recordando los eventos que vivieron encarnados, hechos de su infancia y juventud. Gabriel, cada vez que pudo, se reunía con ellos. En una de estas reuniones, llegó y preguntó cómo estaba su padre.

– Estoy bien – respondió Noel – encantado con la belleza y la simplicidad aquí. Me tratan con mimos y no me falta nada.

– Te has acostumbrado, ¿no? No quieres volver, ¿verdad, hijo? preguntó Ari.

– ¡Claro que no! Papá, te siento preocupado con esto. ¿Por qué? – Preguntó Noel.

– Es porque regresé, sufrí e hice sufrir – respondió Ari. No tuve una desencarnación suave como la tuya. Me enfermé, sufrí mucho y estaba preocupado por enfermar a Mara y a ti demasiado joven con tantas responsabilidades. Sentía dejar todo lo que me gustaba tanto. Teniendo mi cuerpo físico muerto, mis amigos, ex empleados me desligaran y me llevaran a un Puesto de Socorro, donde permanecí enfermo, el reflejo del cuerpo carnal era fuerte en mí. Cuando me enteré que había desencarnado, lloré mucho. Quería estar libre de dolor y esto estaba sucediendo poco a poco. Mara desencarnó y se quedó conmigo en el Puesto. Sintiéndome mejor, me hizo querer estar cerca de ti, de la fábrica. Escuché muchos consejos y luché para resistir el impulso de regresar. Cuando sentí que estabas en problemas, no pude resistirme y regresé sin permiso.

– Papá – dijo Gabriel –, tenemos nuestro libre albedrío respetado por los buenos espíritus. Aquí en las Colonias, en los Puestos de Socorro, lugares de asistencia, los protegidos reciben ayuda y se les enseña cómo proceder, pero no son arrestados, se quedan si quieren.

– ¿Cómo no querer quedarme aquí? – Preguntó Noel con asombro.

– Por apego a la materia – respondió Ari.

– No solo objetos, sino también afectos – dijo Mara.

– Aquí respetamos el libre albedrío – Gabriel volvió a aclarar –. Esto no sucede en Umbral, allí, vemos que muchos se quedan sin quererlo. Los habitantes, espíritus malignos, hacen esclavos a muchos imprudentes, los arrestan y no pueden salir. Esto sucede, papá, porque cuando no respetamos a los demás, nos faltan al respeto, cuando maltratamos, podemos ser maltratados.

– Dime, papá, ¿qué pasó? – Preguntó Noel –. ¿Volviste? ¿Fuiste a la fábrica?

– Fui cerca de ustedes – respondió Ari, suspirando.

– Y yo – dijo Mara –, al ver que tú, mi hijo, estabas pasando por muchas dificultades y que Ari me había ocultado un hecho importante y, en mi opinión, él no estaba actuando bien contigo, también regresé. Salí del Puesto de Socorro sin permiso, fui a ver a Ari y confundimos todo.

– Explíquenme lo que pasó, por favor – dijo Noel.

– Creo que es hora de que lo sepas – dijo Ari –, te lo diré. Mara y yo nos casamos enamorados y estaba obsesionada con tener hijos. Mara no quedó embarazada. Ella también quería tenerlos y tres veces tuvo un embarazo psicológico, no le dijimos a nadie sobre esto, para todos ella había perdido al niño.

– Sufrí mucho por esto – interrumpió Mara –. Quería un hijo para complacer a Ari, fuimos atendidos por un médico en la capital y cuando me dijo que había estado embarazada psicológicamente, estaba angustiada. La tercera vez, incluso mi barriga creció, para todos los que tenía seis meses de embarazo. Estaba tan desesperada en el consultorio del médico que me recomendó que me quedara unas semanas en un hogar de ancianos. Ari me llevó, estaba muy deprimido y él me iba a ver todos los fines de semana. Y luego tuvo una idea.

"Mara" – dijo – "vamos a adoptar un bebé. No le dije a nadie que me perdí este."

"No perdimos, no estaba embarazada" – lo corregí.

"No importa lo que pasó, sino lo que podemos hacer. Les dije a todos que están hospitalizados para que el bebé no nazca prematuramente. Me puse en contacto con un médico que trabaja con adopción, él me dijo que nos daría un hijo. Está tratando a una niña blanca, rubia y soltera que no quiere ver al niño que está esperando, quiere donarlo. Esta mujer ni siquiera sabrá el sexo del bebé o quién lo adoptará. Para todos, tuviste el hijo y volveremos a casa con nuestro hijo."

"¡Queremos tanto a un niño y alguien lo tiene y lo deja!" – Suspiré, me entusiasmó la idea y exclamé: "¡Quiero a Ari! ¡Quiero a nuestro hijo!"

– Sané, la depresión terminó con nuestro problema resuelto. Salí de la clínica y me quedé en un hotel en la tranquila y montañosa ciudad, lejos de donde vivíamos. Esperé ansiosamente a que llegara el bebé, compré el ajuar y, dos meses después, Ari te trajo. ¡Fue un regalo de Navidad de Papá Noel!

Mara dejó de hablar y se limpió las lágrimas. Noel tartamudeó:

– ¡Soy adoptado!

– Solo de madre. ¡Eres el hijo de Ari! – exclamó Mara.

El silencio quedó en silencio por segundos hasta que Ari habló:

– No tengo justificación, me equivoqué, supongo y lamento que Mara me perdonó. No tenía motivos para traicionar a mi esposa, pero lo hice. Conocí a Rosa María en uno de mis viajes, ella vivía cerca de la ciudad donde vivíamos y tuvimos un romance. Estaba casada y su esposo viajaba mucho. Y mi amante quedó embarazada. Tuvimos problemas similares. El médico confirmó que Mara tenía un problema grave y que nunca iba a quedar embarazada. El esposo de Rosa María era estéril. Como no le había contado a Mara su problema, tampoco habló con su esposo. El niño que esperaba era mío, no tenía dudas, y no sabíamos qué hacer. Su esposo estaba contento con la noticia y yo quería a mi hijo, y entonces supimos que serían dos gemelos. Decidimos que uno se quedaría conmigo y el otro con ellos. Y esto es lo que sucedió, nacieron dos niños, te llevé, te llevé a Mara y nos fuimos a casa felices. No descuidé al otro. Rosa María no era adinerada, su esposo tenía un camión y hacía carga. Compré un boleto de lotería ganador y se lo di. Quería que mi otro hijo estuviera cerca de mí, le pregunté esto, que influyó en su esposo y se mudaron a nuestra ciudad. Siempre le daba dinero y, para que su esposo no sospechara, ella le dijo que sabía cómo manejar las finanzas. La ayudé a comprar un camión nuevo, una bonita casa, dos apartamentos, pagué sus estudios. Nadie se enteró.

– ¿Quién es mi hermano? preguntó Noel suavemente. Es una gran revelación saber ahora que tengo uno. ¿Por favor díganme quién es él? ¿Es Dárcio? No, la madre de mi amigo no se llama Rosa María. ¿Lo conozco?

Hubo silencio de nuevo. Hasta que Ari respondió:

– ¡Carlos!

Noel quería decir algo, pero no pudo. Recordó los muchos comentarios de que eran similares. Intentó recordar la cara de Rosa María, su madre, no pudo. No se sentía como una madre, la había visto varias veces y no le había prestado atención. Nunca se dio cuenta de que ella lo estaba mirando de manera diferente.

– Siempre serás mi madre – dijo Noel abrazando a Mara –. ¿No es así? ¡Mi madre siempre serás tú!

– ¡Hijo mío! ¡Sí, eres mi hijo!

Las lágrimas corrieron por la cara de todos, después de una pausa, Ari continuó narrando:

– Cuando desencarné, estaba muy molesto, dos ex empleados me ayudaron. Encontré el Plano Espiritual muy diferente de lo que había imaginado y no me gustaba ser desencarnado. Mi condición no era buena, cuando Mara vino a estar conmigo, pero incluso con su cercanía no me adapté, quería estar encarnado y por esta razón no podía deshacerme de los reflejos del cuerpo físico y, en consecuencia, de los dolores que tenía con mi enfermedad. No nos gustaba Nádia o que te hayas casado con ella, y cuando vi que tu esposa te estaba engañando, y con Carlos, quería dejar el Puesto de Socorro. Aunque recibí muchos consejos, no funcionó, me fui y fui a verlos. Fue muy imprudente, empeoré mi condición, estaba perturbado, a veces incluso me engañaba a mí mismo, pensando que estaba encarnado. Y conmigo, solo empeoró tu situación. Por esto, Noel, que te pido, y te ruego, que no regreses a la Tierra sin permiso. Mara se había quedado en el Puesto, vino a mí para convencerme de que volviera, luego le conté este secreto, estaba tan furiosa que incluso me abofeteó. Como ambos estábamos muy apegados a lo material, sentimos sus reflejos y estas agresiones se podían sentir. Estaba vagando entre los encarnados, especialmente cerca de ti y Carlos. No quería que pelearan e intentó que Carlos se alejara de Nádia. Y Mara decidió quedarse, sin autorización, cerca de mí, para mirarme, temía que pudieras dañarte. No fuimos la causa de lo que sucedió, pero empeoramos la situación al causar ira, impaciencia, cansancio. ¡Fue muy triste!

— Ahora recuerdo el día en que Gabriel desencarnó, los escuché pelear, pensé que era una impresión – dijo Noel.

– Bueno, no fue así – dijo Ari –, estuvimos contigo en el departamento, te vimos llorar y sufrimos juntos. Mara me acusó, para ella, en ese momento, yo tenía la culpa. Cuando nos gritaste, así nos sentimos; entonces nos dimos cuenta de que te estábamos lastimando. Salimos del departamento, nos quedamos en un rincón de la fábrica, nos sentamos en el piso y lloramos. Oramos y pedimos ayuda toda la noche; por la mañana vino un rescatista a recogernos. Esta vez, la ayuda fue diferente, entendemos la necesidad de aceptar el cambio de plano, adaptar, mejorar, ser útil y, lo más importante, estar agradecido. Y luego mejoramos. Mara me perdonó y quiero hacerlo. Noel, pedirte perdón.

– Papi, no tienes que pedirme nada, siempre has sido un buen padre. No me siento perjudicado por que hayas regresado, de quedarte cerca de mí en aquel momento, se hizo porque no tenía comprensión y no por maldad – dijo Noel.

– Somos responsables cuando tenemos oportunidades de aprender y no lo hacemos. Cuando encarnado, podría haber entendido todo este proceso, el de la desencarnación. Haber vivido mejor; sin embargo, viví como si nunca muriera; es decir, para hacer este cambio de plan. Gracias Noel por entenderme. ¡Siempre estuve orgulloso de tenerte como hijo! – Ari expresó emocionalmente. Se abrazaron.

– Quería estar a solas – dijo Noel.

Sus padres se levantaran y se fueron. Gabriel puso sus manos sobre su hombro y dijo:

– Como ves, papá, ¡siempre tenemos motivos para amar a los enemigos!

Noel estaba solo, fue al jardín, trató de distraerse mirando las flores, pero falló. Pensó en Carlos.

"Si te hubiera perjudicado más, vengándome como lo planeé al principio, ¿cómo estaría ahora? ¡Sintiendo remordimiento por lastimar a mi hermano!"

Tenía ganas de llorar. Fue al dormitorio, se acostó en la cama.

"¡Ahora voy a llorar! ¡Nadie me ve aquí!" pensó. Pero en lugar de llorar, recordó la cara de su hermano y sonrió:

– ¡Carlos, te amo! – exclamó él. Y se durmió con calma.

LA CONFERENCIA

Noel se despertó dispuesto, escuchó ruidos en la sala, fue hasta allí y encontró a Emilio y Geraldo hablando. Los saludó con una sonrisa.

– Espero no haberte despertado – dijo Emilio.

– No, no escuché ningún ruido hasta que me levanté – dijo Noel.

– Tomaremos un tiempo para ir a trabajar, siéntate aquí y participa de nuestra conversación – invitó Geraldo.

– ¿Dónde trabajan ustedes? ¿Qué hacen? ¿Desencarnaran hace mucho tiempo? – Preguntó Noel y, al darse cuenta de que había hecho muchas preguntas, sonrió.

– Trabajo en el hospital – dijo Geraldo. Emilio realizó un estudio especial en la escuela y dedica ocho horas al día a cuidar a personas desencarnadas que cambiara de plano a una edad muy avanzada.

– Desencarné hace siete años – dijo Emilio – y Geraldo hace veintidós años. Vivía aquí con su esposa, quiero decir, con Eliane, con quien estaba casado, encarnado. Ella se reencarnó hace tres años.

– Geraldo, ¿amabas a tu esposa? ¿No la extrañas? – Preguntó Noel.

– Somos como espíritus; es decir, tenemos gustos comunes, nos combinamos mucho y nos hacemos grandes amigos. Quería reencarnarse para continuar un trabajo que dejó sin terminar, puedo ayudarla desde aquí – respondió Geraldo.

– ¿Y si ella se casa con otro allí? – Preguntó Noel. Los dos se rieran y Geraldo respondió:

– Noel, esto podría suceder y creo que es correcto. Eliane, que ahora tiene otro nombre, merece encontrar una buena persona que la apoye en el escenario encarnado. Quiero, vibro, para que tenga este período en el físico con muchas alegrías – respondió Geraldo con calma.

– ¿Ustedes no se van a reencontrar más? – Noel quería saberlo.

– Los afectos no se separan una vez amigos, siempre amigos – respondió Geraldo sonriendo.

– Emilio, ¿por qué trabajas con personas desencarnadas que hicieron la transición ya ancianos? – Preguntó Noel con curiosidad.

– Desencarné a una edad muy avanzada, noventa y siete años y pasé mucho tiempo solo. Me casé muy joven, a los dieciocho años, tuve cinco hijos, tres jóvenes desencarnados, una niña de nueve años con tifus; un niño de dieciséis años con una mordedura de serpiente; y otro, a la edad de veintidós años, que ya estaba casado y era padre de dos hijos, se enfermó durante meses. Los otros dos niños cambiaron de plano a una edad mayor, pero antes que yo. Era viudo a los sesenta y seis años. Vivía solo, los nietos también eran viejos y se estaban mudando. A la edad de setenta y nueve fui a un hospicio. Fue un período triste, fui tratado como un inválido allí. A veces me dejaban hacer alguna actividad, a veces pensaban que era un anciano incapaz de trabajar. Sentí mucha soledad, a pesar de haber hecho muchas amistades, que también perdí. Los internos casi siempre salían de allí para ir al cementerio, cuando sus cuerpos físicos estaban muertos. La vida en el hospicio era una rutina triste: levantarse, tomar café, esperar el almuerzo, luego la merienda, la cena y la hora de acostarse. Como fue bueno recibir visitas, pero recibí muy pocos, algunos nietos o bisnietos Fue una alegría cuando la gente se ofreció a visitarnos, hablarnos, escucharnos. Me enfermé, dos años en la cama, no caminé, dije poco. Hice mi paso en silencio, dormí allí y me desperté en una Puesto de Socorro. No encontré ningún familiar aquí, la esposa y los hijos habían reencarnado. El equipo de trabajadores en esta casa de ayuda modificó mi periespíritu, me educó para ayudarme, para no sentir tanto el reflejo de la vejez y encontrarme incapaz. Me quedé en el Puesto unos meses y luego vine aquí. Aquí en Colonia estudié y me estoy preparando para ir a trabajar con los encarnados, seré parte de un equipo que ayuda a los ancianos en instituciones.

Noel prestó mucha atención a la narración de Emilio, encontrándola muy interesante. Se volvió hacia Geraldo y le preguntó:

– ¿Y de qué desencarnaste? ¿Cuál fue la razón por la cual murió tu cuerpo físico?

– De una enfermedad cardíaca – dijo Geraldo –. Fumaba mucho y sabía que fumar era malo, además de trabajar demasiado, y a la edad de cuarenta y seis tuve un ataque cardíaco masivo que me hizo cambiar de plano. Estaba muy confundido, no entendía lo que me había pasado. Sentí un fuerte dolor y pensé que me había desmayado. Un orientador me dijo, aquí, algún tiempo después, que me desconectaron del cuerpo en el hospital encarnado donde me llevaron cuando estaba enfermo. Me quedé en el refugio de la parte espiritual de este sanatorio. Días después, me fui desorientado y me fui a mi casa. Vibrando de una manera tan confusa y perturbada, comencé a dañar accidentalmente a mi familia, que estaba pasando por momentos difíciles con mi muerte. Una hermana de mi esposa la invitó a ir a un Centro Espírita, ella estaba y allí preguntó por mí. Me ayudaron, recibí una orientación para una incorporación, en una sesión de desobsesiones, me acerqué a un médium, le dije lo que pensaba y él habló; un orientador encarnado me adoctrinó. Me sorprendió saber lo que me había pasado. Me trajeron aquí, luché para adaptarme y quería ser útil. He vivido aquí durante mucho tiempo y realmente me gusta vivir sin mi cuerpo físico. Lástima, para entender esto, tuve que sufrir mucho. Ahora, Noel, tenemos que ir a trabajar, hemos hablado mucho, esperamos no haberte cansado.

– Fue un placer escucharlos, tuve dos buenas lecciones con sus relatos. ¡Buen trabajo!

Se fueron y Noel pensó: "Todos aquí trabajan duro y yo también quiero servir."

Cogió el folleto con los cursos en Colonia y los examinó. La tarde se inscribió para todos los que consiguió. Organizó bien su horario. Temprano en la mañana aprendió a lidiar con las plantas. Tomó el curso para aprender a volitar, cómo alimentarse, e incluso otro, en la noche, en el teatro, cómo actuar.

Conoció toda la Colonia e hizo muchos amigos. En actividad, ni siquiera sintió pasar el tiempo. Y continuó cuidando el jardín de su casa y el de los vecinos. A veces iba con su madre a trabajar y durante dos horas se quedaba con su padre en la gran fábrica de Colonia, donde fabricaban la ropa utilizada en el Plano Espiritual. Ari le explicó que la ropa puede ser moldeada por los desencarnados que saben, y las fábricas existen para dar actividades a los muchos desencarnados que aún no están preparados para otras tareas.

Ari y Mara se entendieran bien y a Noel le gustaba que lo mimaran los dos y todos los residentes que, en sus días libres, salían a caminar. Una tarde, Tiniña lo invitó:

– Noel, ¿no quieres ir conmigo al bosque? Es un lugar encantador.

– ¡Claro que quiero! Gracias por invitarme.

Fueron otro día, tomaron un aerobús, porque este rincón está en un extremo de la Colonia. Pasear en este vehículo es muy agradable, los que circulan en la ciudad espiritual tienen grandes ventanas y van despacio. Noel aprovechó la oportunidad para mirar todo y concluyó que esta casa de los desencarnados es realmente maravillosa. Bajaran a la entrada. El bosque es un lugar con muchos árboles y un hermoso lago con aguas cristalinas. Noel y Tiniña caminaran por todas partes. Observaba todo, curioso, y preguntó:

– ¿Qué árbol es este? ¿Tiene muchos años? ¿Da fruto? – Tiniña sonrió, respondió algunas, otras fueron a preguntar a los encargados de cuidar el lugar. Noel se enteró de que los árboles eran de larga vida, que muchas eran de especies conocidas en el plano físico. Después de saberlo todo, se sentaron en una banca. Noel recordó la isla, le contó a Tiniña y luego preguntó:

— Háblame de ti. ¿Hace cuánto tiempo desencarnaste y de qué?

— Para que entiendas mi historia, comenzaré contándote, Noel, la encarnación que tuve antes de esta última, porque todo comenzó en mi reencarnación pasada, en el siglo XVIII, antes de recibir el nombre Tiniña. Vivía en un pueblo pequeño, era muy hermosa y mis padres me casaran; es decir, me arreglaran un matrimonio cuando cumplí quince años. No amaba a mi esposo, quería amarlo, intenté hacerlo, pero no pude hacerlo, era soñadora, muy ingenua y soñaba con un amor romántico. Antes de cumplir los veinte años, ya tenía tres hijos y un esposo doce años mayor, celoso y grosero. Sufrí por ello e incluso le temía. Me quejé mucho de que no estaba contenta con mis padres y los culpé por obligarme a casarme joven y por no elegir un buen esposo para mí. Un primo de mi esposo fue a pasar un tiempo en la ciudad y siempre nos visitaba. Este chico era amable, tranquilo, muy inteligente y se enamoró de mí y yo de él. Un día dejó algo en un cajón de mi sala de estar, me dio una señal que indicaba: comprendí que era algo para mí y, cuando estaba solo, abrí rápidamente el cajón; fue una carta, una misiva apasionada que me hizo feliz. Entonces comenzamos a corresponder. Luego se hizo más difícil soportar al esposo y decidí matarlo, deshacerme de él. No le dije a nadie, ni siquiera a este tipo, que ciertamente no estaría de acuerdo. Y pronto apareció una oportunidad. Un hermano de mi esposo, que vivía cerca, vino a visitarnos una noche y bebieron mucho vino, mi esposo se acostó completamente borracho. Se durmió de inmediato y lo sofoqué. Con frialdad, le puse la almohada en la cara, me arrodillé encima y la sostuve con fuerza. Luchó, pero no pudo vencerme, solo lo solté unos minutos después, cuando ya no se movía. Me di cuenta de que estaba muerto, arreglé todo como siempre, intenté dormir, no pude, me sentí aliviada, libre de amar y ser amada. Traté de tranquilizarme haciendo planes y pensando en lo feliz que sería. Solo cuando escuché el ruido de la empleada en la cocina fue que me levanté, me cambié de ropa y grité. Pronto la casa se llenó de gente, el médico vino y descubrió que estaba muerto. Le dije que mi esposo se había acostado tarde, que estaba borracho y que no oí nada. En ese momento no había forma de investigar, pensaron que su muerte se debió a alguna enfermedad cardíaca o que se atragantó con el vómito porque estaba demasiado borracho. Estaba feliz de ser viuda, podía casarme con el joven que amaba, empezamos a correspondernos aun más. Pensé que mi suegro sospechaba; me hizo muchas preguntas y me estaba mirando. Le escribí a mi amado y le pedí que viniera a buscarme. Me escapé dejando a mis tres hijos con la criada, con la orden de dejarlos con mi suegro.

En el lugar marcado, nos encontramos, salimos en un carruaje tirado por dos caballos. Tomé algunas cosas, algo de ropa. Se sentó a mi lado feliz de estar conmigo, por primera vez que estuvimos solos, me tomó de la mano, íbamos a una ciudad lejos de donde vivía. En el camino, supimos que había algunos esclavos fugitivos en el camino que estaban atacando a la gente y que un grupo dirigido por un capitán del monte los perseguía y que debíamos tener cuidado. Quería detenerse o regresar, no lo hice, tenía miedo de que mi suegro sospechara que asesinara a mi esposo.

Continuamos el viaje, aprensivos, llegamos a un tramo donde el camino era muy peligroso, porque había tenido un deslizamiento de tierra. Escuchamos disparos y decidimos seguir adelante haciendo que los caballos fueran más rápido. Con los disparos más cerca, los animales se asustaron y, al pasar por una pieza estrecha, la tierra se deslizó y caímos en un precipicio. Desencarnamos en el accidente. Fue un período de confusión y sufrimiento. Estábamos perturbados, nosotros tres, y mi esposo nos acusó. Este muchacho fue rescatado primero, los dos nos quedamos un tiempo en Umbral, sufrió y me hizo sufrir mucho. Fui rescatada en un estado lamentable, muy perturbada. Él no quiso ser rescatado, no quiso perdonar y aun quería vengarse. Incluso rescatada, sufrí mucho con el remordimiento, quería olvidar y comenzar de nuevo y me dieron la bendición de la reencarnación. Regresé al Plano Físico con los mismos padres, querían recibirme porque sentían que habían cometido errores al obligarme a casarme y porque no habían escuchado mis quejas.

Tiniña hizo una pausa, suspiró, Noel estaba callado, la miró con cariño, sonrió con tristeza ante los recuerdos y continuó hablando:

– Noel, me gusta mucho el libro *El Evangelio según el Espiritismo*, siempre leo el texto: "Honra a tu padre y a tu madre." Esta lectura habla profundamente de mis sentimientos. Hay muchas piezas que sé de memoria: "El espiritismo viene a arrojar luz sobre los problemas del corazón humano. No hay caridad sin olvidar las ofensas y las heridas, no hay caridad con odio en el corazón y sin perdón."

Hizo otra pausa, se pasó las manos por el pelo castaño y rizado, lo miró y volvió a la narración.

– A la edad de tres años, desencarné con difteria, sufriendo mucha asfixia. Fui rescatada y, poco después, volví a reencarnar en la misma casa.

Solo tenía una hermana, mucho mayor. Mis padres, cuando nací, ya no eran tan jóvenes, me querían mucho y siempre me cuidaron. Y mi ex–esposo no me perdonó, asistió a una escuela de vengadores en Umbral, se preparó, me encontró encarnada y me persiguió con odio y pasión. Su presencia a mi lado me perturbó, estaba obsesionada, siempre me contaba mis errores pasados. Me confundí y enfermé, la culpa me enfermó el cerebro, a veces me deprimía mucho, a veces me molestaba. A menudo me hospitalizaban en casas de reposo. Nada funcionó, los enamorados se alejaban rápidamente, no pude hacer nada bien, así que no me detuve en el trabajo. Mi padre falleció y dos meses después fue mi madre quien cambió de plano. Estaba sola en la casa que recibí como herencia. Mi hermana, ya vieja y siempre enferma, me prestó poca atención y me ingresó en una clínica; esta vez para no salir más. Hice amigos allí; sin embargo, sentí mucha soledad. Este espíritu que me odiaba realmente se vengó. Me enfermé, tuve cáncer de pulmón, no sufrí mucho de la enfermedad, se propagó rápidamente por mi cuerpo y el medicamento agravó una enfermedad cardíaca. Fue hace tres años que desencarné. Era una lluviosa tarde de otoño, cincuenta y seis años. Fui rescatada, me lo merecía, en esta encarnación no cometí errores, sufrí mucho, aprendí a renunciar y siempre que podía ayudaba a la gente. No encontré nada extraño aquí. Había leído muchos libros espíritas cuando estaba en la clínica. Fui, estoy agradecida de haber sido traída a esta Colonia y me recuperé pronto. Estoy viviendo con ustedes, porque mis padres están estudiando en otra Colonia, tan pronto como regresen volveremos a estar juntos.

— ¿Qué le pasó a él, al obsesor, tu ex marido? preguntó Noel.

— Se vengó, y esta venganza no le dio felicidad, ya que no se la da a nadie. Se quedó vigilándome todo el tiempo que estuve encarnada, me hizo sufrir. Pero estas dificultades fueran, para mí, una experiencia de aprendizaje que me ayudó a mejorar mi forma de ser, tanto es así que cuando me incorporé merecía ser ayudada y venir a una Colonia. Ahora ya no me ve, está en el Umbral.

— ¿No piensas en ayudarlo? – Preguntó Noel.

— Ahora no podría – respondió Tiniña –. No sé cuál sería mi reacción al verlo, ni sé cuál será su reacción. Cuando pueda, y esté preparada, puedo tratar de ayudarlo, pedirle perdón y perdonarlo, solo que no quiero ir sola o estar cerca de él. Sé que vas a decir que realmente no lo perdoné. Es solo que le tengo miedo, me aterra. Cuando pienso en él, tengo ganas de llorar y esconderme. Como ves, Noel, no me siento lista para verlo.

— ¡Cómo él perdió el tiempo! – exclamó Noel. Fuiste rescatada, tuviste dos encarnaciones, cambiaste para mejor y él sigue siendo el mismo. En lugar de hacer algo bueno para sí mismo, tenía una idea fija de venganza. Viviste, sufriste, aprendiste y él no, pasó un tiempo precioso y se estacionó.

– Quien se venga, primero se lastima – dijo Tiniña –. Esta vez, me tomaré el tiempo para reencarnar, y cuando lo haga, voy a pedir que sea lejos de él y espero no encontrarlo. Creo que solo dentro de tres reencarnaciones es que tal vez esté preparada para estar cerca de él.

– Tiniña, también creo que ahora no estás preparada para enfrentar ese espíritu. Debes dedicarte a estudiar y trabajar, ya que así es como nos preparamos y aprendemos a lidiar con las dificultades. Lo siento si te recordé algo tan doloroso. ¿Volvemos a ver el lago?

El recorrido fue muy agradable. Cuando regresaron, Noel fue a su habitación y se sintió aliviado de no haberse vengado como lo había planeado, y agradeció haber leído los libros espíritas que le hicieron cambiar sus planes. "Si me hubiera vengado", concluyó, "habría perdido un tiempo precioso y no estaría aquí, en este maravilloso lugar con afecto." Muchos, en lugar de cuidarse de sí mismos y tratar de estar bien, quieren causar desdicha a sus desafectos, incluso pueden perjudicar, pero son infelices.

Noel sintió pena por el ex marido de Tiniña; la venganza no le había dado la satisfacción esperada y había abierto un abismo entre los dos: este espíritu sufría por la falta de ella, porque todavía la amaba. Él también amaba a Nádia, y, como todo pasa, este amor se convirtió en afecto, y ahora la sentía como una amiga. Gabriel vino poco después a verlo y lo invitó:

– Papá, esta noche habrá una conferencia muy interesante. ¿No quieres ir conmigo?

A Noel le encantaba salir con su hijo, pensó que era inteligente, estudioso, tranquilo y explicó en detalle todo lo que le pidió. A la hora señalada, los dos fueran al teatro y Gabriel aclaró:

– La conferencia que escucharemos es sobre un tema muy importante: "Ama a los enemigos." Tendremos el placer de escuchar a un orador de otro lugar que nos visita y ha estado en varias Colonias enseñando el Evangelio, lo hizo sabiamente, cuando se encarnó, y aquí en el Plano Espiritual su tarea como educador continúa.

Noel estaba encantado por la belleza del teatro. Había tres grandes en Colonia, este estaba en un círculo con el escenario frente a la entrada. Los sillones eran cómodos y algunas plantas en macetas lo adornaban. Con todos los asientos ocupados, una señora ofreció una oración de apertura y luego invitó a todos a cantar dos canciones muy hermosas, himnos de amor por la vida, estímulo al trabajo y bien. Luego presentó al invitado, que deleitó a todos con su simplicidad y su manera agradable de hablar. Noel prestó mucha atención, memorizó lo que pensó que era más importante.

"Ama a tus enemigos, texto del Sermón del Monte, contenido en el Evangelio de Marcos. Las palabras de Jesús dichas a una multitud, después de la preciosidad de las bienaventuranzas. El Maestro enseñó y recomendó: Ama a tus enemigos. Este es uno de los dichos más repetido en iglesias cristianas y quizás el menos practicado.

Más que nadie, se beneficiará de perdonar, porque al hacerlo, liberará su corazón del dolor, del odio que maltrata y corrompe, de la agonía que lo hace sufrir.

Y cómo lo justificamos diciendo que siempre hay razones para los desacuerdos y para tener desafectos. Es por orgullo que no ofendemos por nada, nos ofendemos por cualquier mirada o palabra de desprecio, demandas que nos disminuyen, etc. e, imprudentemente, a menudo nos encontramos en el derecho de tomar represalias por los delitos, vengar las lesiones y, si es algo más grave, uno comienza a odiar y desafortunadamente se convierte en enemigo. El odio con odio crea una fuerza negativa, una bola de nieve en la que uno se venga del otro, causando que ambos sufran. Si odias a los que te odian, se crea energía dañina, y al continuar siendo alimentada, simplemente se multiplica. No solo aumenta la oscuridad de quienes lo sienten, sino también las mías, y se extienden ajustándose a otras iguales. Los enemigos están en la oscuridad, lejos de la Luz de la comprensión y el perdón.

Para mí, debe ser indiferente si la persona merece ser odiada; si lo odio, contribuyo a empeorar el mundo, con energías más dañinas. Debido a que los similares son atraídos, las fuerzas negativas buscan a otras, como los positivos, incrementándolos. Y, si quiero que la Tierra sea mejor, debo contribuir para que tenga buenas vibraciones. Y si lo odio, he empeorado, soy el autor de estos malos sentimientos y tendré sus efectos en mí. Nadie puede alcanzar a alguien sin primero llegar a sí mismo.

Lo que entra a un hombre no lo hace impuro, pero lo que sale de él, lo hace impuro. Y el odio, el resentimiento, sale del individuo. El daño que recibo de alguien no me hizo daño. Y, antes de que me golpee, me dañe, se lastima a sí mismo, porque lo convirtió en un malhechor. Y el malhechor es infeliz, porque lo hace por sí mismo.

Ahora, si alguien es mi enemigo, pero yo no soy suyo, es él quien está en la oscuridad, por error.

Él me odia, no yo a él. No estaré aumentando la mala energía, pero también si no destruyo la suya, no haré nada por este individuo.

Y solo el amor puede anular el odio. Con la Luz del amor, actúo positivamente, construyendo, iluminando la oscuridad y eliminando energías destructivas. Al cancelar este sentimiento inferior en el otro, reemplazaré la oscuridad con Luz y así mejoraré el mundo, la casa que el Padre Creador nos dio como vivienda.

Para hacer al enemigo, amigo, en nuestra gramática, es tan fácil, simplemente corta el prefijo negativo 'in'. Simplemente cortar lo negativo en nosotros y no ser neutral, adquirir lo positivo, el sentimiento de amistad y hacer que el desafecto sea amigo.

Amar a tus enemigos es una enseñanza de gran sabiduría para todos los que quieren cristificarse, caminar hacia el progreso. "Ámate a ti mismo y a todos como hermanos que somos."

Al terminar la conferencia, el orador dijo una oración muy conmovedora, que llevó a muchos a conmoverse, luego, estaba respondiendo algunas preguntas. Los invitados, en el auditorio, estaban hablando fraternalmente sobre el asunto. Noel quería irse, lo que escuchó lo conmovió mucho.

Gabriel y su padre salieron del teatro, enfrente había una encantadora plaza con parterres. Noel miró al cielo y comentó:

– Qué hermosas son las estrellas, aquí vemos el firmamento más claro.

– Es verdad, papá, la naturaleza es tan hermosa, siempre deberíamos tener unos minutos para observarla. Es muy agradable ver un árbol, una flor, el cielo azul, las nubes, las estrellas. Es una terapia para quienes están nerviosos, cansados y tristes.

– Gabriel, lamento haber lastimado a Nádia y Carlos. Si, en la separación, hubiera estado más tranquilo y comprensivo, me habría entendido con tu madre. Si pudiera regresar, no haría lo que hice. Pero nada vuelve, el rio siempre fluye en el mismo lugar y las aguas no son las mismas.

– Papá, olvídalo, si lo recuerdas, solo para tomar lecciones, para actuar correctamente en el futuro. Es difícil de encontrar alguien que se haya equivocado, hizo algo que no debería haber hecho. Lo importante es reconocer nuestros errores, resolver con sinceridad, construir donde destruimos y aprender a amar.

Caminaban despacio. A Noel le gustaba pasear por las amplias avenidas y aun más en compañía de su hijo.

– Gabriel, ¿alguna vez has tenido enemigos? preguntó Noel.

– Debo haberlos tenido. No me acuerdo. En reencarnaciones recientes no los tenía y no quiero tenerlos – respondió Gabriel hablando rápidamente –. No quiero ofender o sentirme ofendido. Incluso puedo ser dañado, recibir una malicia, creo que no haré nada, porque tengo la intención de no luchar, perdonar y tratar de amar a los autores de los desacuerdos.

– Por eso es fácil, ¡estás en armonía! – exclamó Noel.

– Quiero ser siempre así, ¡es el propósito de mi vida!

Gabriel acompañó a su padre a casa, luego fue a Centro Educativo, tenía trabajo que hacer. Noel fue a su habitación y estaba pensando, se sentía muy bien, quería trabajar, era útil para la comunidad que lo había protegido. Tratando de ser un polo positivo para cancelar lo negativo y, para eso, tendría que aprender a amar de una manera pura y verdadera.

– ¡Qué bueno es escuchar conferencias inspiradoras! – exclamó sonriendo –. ¡Todavía no he perdido la costumbre de hablar conmigo mismo!

Cogió un libro para leer. Estaba durmiendo muy poco y estaba feliz por esto, así que tuvo más tiempo para estudiar, aprender y leer. Pasó horas leyendo, deleitándose con la información obtenida.

"¡Bendito sea el buen libro!" – pensó alegremente.

VISITAS

Llegó el tan esperado día en el que Noel comenzaría a tomar un curso, el estudio para conocer el Plano Espiritual. Estos cursos son muy interesantes y existen en casi todas las colonias. Las personas desencarnadas que pueden tener este conocimiento se inscriben. Este estudio tiene una fecha determinada para comenzar y finalizar. No todos los desencarnados que son rescatados lo hacen, para asistirlos, necesitan estar preparados; es decir, ser plenamente conscientes de su cambio de plano, querer mejorar, ser útiles y aprender, pero no solo existe esta forma de conocer la espiritualidad. Muchos de los que no quieren estudiar irán a trabajar y aprender a lo largo de los años. Este estudio es muy importante, los estudiantes asisten a clases teóricas sobre un tema o lugar, luego los encontrarán en excursiones, ayudando a los trabajadores locales a ayudar a otros.

Noel se quedaba temporalmente en la escuela. La primera reunión fue una fraternización en la que se conocieron, le gustaban todos en el grupo. Se quedó en la habitación con Julio, un hombre agradable y muy educado. Mientras esperaban que comenzara la primera clase, hablaran.

– Terminé otro curso la semana pasada. Hice un estudio de conocimiento general. Encarnado, era semi–analfabeto – dijo Julio.

– ¿Aprendes a leer aquí? ¿Escribir? – Preguntó Noel con asombro.

– ¡Por supuesto! Encarnado, tenía muchas ganas de estudiar, no tuve la oportunidad. Aquí, fue lo primero que pedí hacer. Estaba muy feliz de aprender. ¿Por qué estás asombrado, amigo? El conocimiento se adquiere a través del esfuerzo del trabajo y el estudio. Muchos piensan erróneamente que cuando el cuerpo físico está muerto, hay una transformación sin esfuerzo que el desencarnado sabe y puede hacer. Nada de eso: necesitas aprender y estudiar es la mejor manera. El individuo, que no sabe leer ni escribir, tendrá dificultades para hacer muchas cosas aquí.

– Si no puedes leer, ¿no tomas este curso? – Preguntó Noel.

– Los analfabetos están invitados, alentados a hacer primero lo que hice para asistir a la escuela. Si no quieren aprender a leer, tendrán que esperar un curso especial en el que la parte teórica sea más simple y los instructores expliquen más – respondió Julio.

Noel encontró el curso muy interesante y estudió animadamente, preguntó mucho y encontró fantástica la organización del Plano Espiritual. Comentó esto a su instructor y le explicó:

– Para tener orden y disciplina, debe haber armonía entre los líderes. Aquí, para ser administrador, debes tener muchos años de desencarnación, dedicación al trabajo, conocimiento y cuidado de la comunidad. Todo lo que se hace aquí, en todo el plano espiritual, es para el bien general. Por esto, Noel está organizado porque es impulsado con amor y sabiduría.

Gabriel fue a visitarlo a la escuela y escuchó durante minutos a su padre narrando elocuentemente lo que aprendió en el curso.

– Estoy hablando como si no supieras eso – dijo Noel, riendo.

– ¡Me alegra verte tan emocionado! – exclamó Gabriel, sonrió y volvió a hablar cambiando de tema –. Papá, sé que estás libre los miércoles por la tarde y quería invitarte a que me visites.

– ¿A quién vamos a visitar? ¿Amigos desencarnados? ¿Otras Colonias? – Preguntó Noel.

– Conocerás otras Colonias durante el curso. Voy a llevarte a la Tierra, incluso a tus amigos encarnados – respondió Gabriel.

– No he pensado en los encarnados, no los extraño y ni siquiera los he recordado. Estoy adaptado, el Plano Físico estaba en el pasado y estoy aquí con muchos proyectos y con el propósito de cumplir mis objetivos. ¿Será Gabriel, que me siento así por no haber dejado grandes afectos allí?

– ¿Dárcio te agrada? – Preguntó Gabriel y Noel afirmó con la cabeza –. Por supuesto que hay afectos allí, amé o amo a muchos y es muy querido. Aquí tuvo la alegría de estar con sus padres y conmigo. Era una persona prudente no vinculada a los bienes materiales y, luchando, se adaptó rápidamente a la forma en que vivimos.

– Agradezco la invitación y acepto. ¿A dónde vamos?

– Haremos tres visitas, el primer miércoles te llevaré a la isla, el segundo a la fábrica y, el tercero, a ver a mi madre – respondió Gabriel.

Noel ni siquiera estaba ansioso. Involucrado en el estudio, no le dio importancia a las visitas programadas. Esto es raro, a las personas desencarnadas generalmente les gusta visitar afectos, anhelar verlos y saber cómo están.

El miércoles, Gabriel recogió a su padre de la escuela a la hora señalada. Después de abrazarlo, dijo:

– ¡Salgamos de Colonia por el portón! Y nos vamos volitando.

Noel había tomado el curso de volitación, le gustaba volitar. Durante este aprendizaje, dejó la Colonia varias veces, fue al plano físico, sin ir; sin embargo, a ningún lugar en específico.

Atravesaron el portón y, cuando se cerró, Noel lo observó: era muy hermoso, en la parte superior había un letrero que identificaba la ciudad espiritual. Todo esto estaba rodeado de altos muros y, afuera, a su alrededor, había unos pocos metros por donde se podía caminar, luego el vacío, el espacio. Estar allí era como estar en la niebla. Esta parte alrededor de la Colonia no es la misma en todas y, por increíble que parezca, la visión que se tiene de este lugar es diferente a los desencarnados. Es decir, muchos, al verlo, lo describen de manera diferente, algunos más acostumbrados al Plano Espiritual, y que son observadores, tienen la visión más ampliada a través del entrenamiento y saben cómo se construyen, ven de alguna manera, sin esta niebla; otros, que no están tan interesados, lo ven sin detalles. Esta niebla que vio Noel es lo que la mayoría de las personas desencarnadas ven. Si algún espíritu maligno o víctima se acerca a una de estas ciudades, generalmente solo ve la niebla. Si se acerca a pedir ayuda, los trabajadores que se ocupan de la seguridad pueden atenderlo o incluso ayudarlo.

Noel suspiró, sintió salir de su casa. Gabriel sonrió y dijo:

– Bien, papá, ¡ya te sientes residente! Vamos rápido y de la mano.

Noel se dio cuenta de que su hijo sabía de su inexperiencia y tomó su mano.

Ir rápido es como pensar en un lugar y estar allí. Entonces, segundos después, estaban en el pueblo de pescadores. El visitante miró todo, esa tarde los hombres estaban en el bar hablando. Observó a sus amigos, vio a algunos desencarnados allí y se asustó cuando se enfrentó a Mané.

– Gabriel, ¡Mané desencarnado y aparentemente no lo sabe!

– Escuchemos a tus amigos – dijo el hijo.

Noel se quedó callado, se acercó y escuchó a Severino decir:

– Hoy, Mané murió hace dos meses. Aun no me conformé, primero fue Noel, nuestro Papá Noel, quien dejó la isla para morir en la ciudad de una manera extraña, en una tormenta en un lago, luego Mané, mordido por una serpiente.

Mané estaba cerca de ellos, escuchaba y lloraba. No vio a Gabriel y Noel. Las personas desencarnadas que no pueden entender lo que les sucedió generalmente están perturbadas, confundidas y solo ven a las personas encarnadas y otras personas desencarnadas como ellos.

– Quédate aquí, papá, llevaré a Mané a un refugio, una Puesto de Socorro que tenemos allí, en la ciudad vecina. Gabriel tomó a Mané, lo acompañó y Noel se quedó allí escuchando a sus amigos, unos diez minutos después, Gabriel regresó y le explicó a su padre:

– Pedí refugio en el Puesto de Socorro para Mané, lo dejé allí, lo atenderán y espero que esté bien. Ahora vamos a la sala de atención que mandaste construir.

No era el día del médico para ir, el lugar estaba vacío. Entraron, Gabriel explicó:

– Aquí está la sala de espera; en esta otra, el consultorio del médico; aquí está la pequeña farmacia y; en esta sala, hay una pequeña enfermería.

Había dos cómodas camas de hospital y algunos equipos de emergencia en esta sala.

– El médico está capacitando a la maestra y a otra señora que es partera para ayudar a los enfermos. Aquí, las mujeres que vienen a recibir a sus hijos y pacientes de lugares vecinos son hospitalizadas. Fue muy bueno para ellos que les hayas hecho este mini hospital.

– Estás bien informado, hijo mío. ¿Por qué?

– Siempre vengo aquí, he ayudado con estas atenciones – respondió Gabriel.

– Siempre ayudaste, ¿no? ¿Fuiste tú quien me ayudó cuando, como encarnado, asististe a los residentes aquí? preguntó Noel.

– Sí, te guie en la asistencia que brindaste.

Noel salió y miró a la escuela, quería entrar. Fue entonces cuando terminó la clase, los niños se fueron felices y poco después se fue Maria Inés. Rufino, un pescador agradable, una buena persona, la estaba esperando. Noel se acercó a los dos y por lo que escuchó estaban comprometidos y estaban pensando en casarse.

– Estoy feliz por Maria Inés, Rufino será un buen esposo – le dijo Noel a Gabriel.

– Maria Inés te amaba, sufrió cuando te fuiste y al enterarse de tu desencarnación. Rufino ha amado a la maestra durante mucho tiempo, fue persistente y terminaran saliendo. Les deseamos lo mejor. ¿Qué tal ahora ir a la isla?

– ¿Podemos ir despacio? Es tan bueno ver el río, el bosque y los animales – dijo Noel.

Se movieron lentamente, cerca del suelo, cerca del agua, y Noel se divirtió como un niño con un juguete nuevo. Se dio la vuelta mirando al cielo y recordó cuando yacía en su canoa y miraba las nubes, el azul del infinito. Vio las copas de los árboles, el río, los peces. Gabriel sonrió al ver la alegría de su padre. Llegaron a la isla.

– Me sentaré en esta roca mientras caminas – dijo el hijo.

Noel fue a su antigua cabaña, estaba abandonada, sucia y con algunos palos podridos. Luego fue a su jardín, el arbusto se había apoderado, solo dos tomates continuaron dando fruto. Los árboles frutales eran hermosos.

– ¡Todo necesita cuidados! No debo estar triste, ¡sabía que esto iba a suceder! – habló en voz baja.

Para su deleite, vio a Tortugo y Ruga, eran adultos, fuertes y hermosos.

De repente comenzó a llover, Noel corrió hacia la cabaña. Al ver esto, Gabriel se rio y se quedó sentado. Noel arriesgó su mano, su brazo, poniéndolos bajo la lluvia, no se mojó, también se rio. Salió de la cabaña, saltó alegremente, el agua goteó y no lo mojó. Vio brillar las gotas, caer al suelo, olió la tierra húmeda.

– ¡Qué bonito! ¡Qué maravillosa es la lluvia! ¡Qué bueno verte lavar todo, mojar el suelo! ¡Y ella no me moja! – exclamó Noel emocionado.

– Papá, ya sabes, estás al tanto de tu cambio de plano, ya aprendió a vivir sin cuerpo, no tienes el reflejo del cuerpo físico, por lo que no siente la materia. Es maravilloso ver realmente la lluvia, las gotas de agua nos pasan y no nos mojan. Desencarnados que están engañados, que todavía piensan que están en el cuerpo carnal, aquellos que están apegados al físico, sienten los reflejos y, pensando que la lluvia los moja, se sienten mojados por él. Es por eso que vemos personas desencarnadas huyendo de la lluvia, como lo hiciste refugiándote y, si permanecen a la intemperie, empaparse. ¿Vamos a casa?

– Qué lindo decir casa, cuando se refiere al lugar que nos alberga como hogar. ¡Gracias, hijo, por el agradable viaje!

Volitaran de regreso. Noel regresó a la escuela y, el miércoles siguiente, Gabriel fue a buscarlo nuevamente y, como antes, en segundos se fueron a la ciudad en el plano físico en el que Noel vivía encarnado.

El visitante prestó mucha atención. Lo encontró divertido cuando comparó su cuerpo periespiritual con los que usaban el material. Vio a algunas personas desencarnadas caminando por la ciudad, algunas de aspecto no muy agradable, otras sufriendo y algunas parecían estar trabajando. Gabriel explicó:

– Papi, somos libres de hacer lo que queramos y responsables de lo que hacemos. Lo que ves no difiere mucho de lo que viste encarnado; los malos siguen haciendo lo malo hasta que quieren cambiar y el plano en el que están no interfiere en este cambio. Hay víctimas en ambos planos, así como también a quienes les gusta ayudar. Vamos al cementerio.

Estaban caminando El cementerio visto por un desencarnado también difiere mucho dependiendo de lo que estaba haciendo allí. Un rescatista ve un amplio campo de trabajo; un desencarnado perturbado, un lugar de diversión; para el malo, un lugar propicio en el que podrá hacer maldades; y un visitante, para conocer. Noel, prefirió no observar a los desencarnados que se encontraban allí. Fue a la tumba familiar. Estaba limpia y con flores. Gabriel comentó:

– Dárcio ordenó a un trabajador de la fábrica, durante las horas de trabajo, que viniera aquí todas las semanas para limpiar y le pagó a un florista para que pusiera flores una vez por semana. Este empleado que viene aquí lo hace con mucho gusto y cuidado. Mi mamá también viene aquí y trae flores.

Noel miró la tumba en la que estaba enterrado su cuerpo físico, leyó las palabras y no sintió nada, iba a pedirle a Gabriel que se fuera, cuando vio a Rosa María, sintió que ella estaba rezando por él.

– Gabriel, la madre de Carlos está rezando por mí.

– Rosa María siente remordimiento por lo que hizo, actuó a la ligera traicionando a su esposo y se entristece cuando cree que te dejó con Ari. Ella juró que nunca diría que era su madre y realmente lo mantuvo en secreto. Carlos le escondió que tenía una relación con tu esposa; cuando lo supo, estaban a punto de vivir juntos. Ella sufrió e hizo todo lo posible para que Carlos desistiera y para que no pelearan. Por esta razón, a Nádia, mi madre, no le gusta.

Noel la observó bien y exclamó:

– ¡Mi madre es Mara! Entiendo a Rosa María y no siento pena por ella, debe tener razones para haber elegido a Carlos para estar con ella. La amo como ser humano, pero la madre para mí es la que me crio, que me amó, ¡es Mara!

– ¿Vemos la tierra lotizada?

Gabriel preguntó, tomó la mano de su padre, salieron del cementerio, se alejaron lentamente, le informó al padre:

– La tierra que los empleados han ganado está en construcción, la mayoría de ellos trabajan juntos, trabajan con la familia los sábados por la tarde, domingos, días festivos y las casas están apareciendo. Dárcio cumplió lo que prometió: la guardería está casi lista y la escuela estará abierta para el próximo año escolar. Mi madre heredó la tierra que reservaste para ella, ella y Carlos donaron este lote para construir una iglesia católica y, al lado, un asilo.

– ¡Todo está según lo planeado y muy hermoso! – Exclamó Noel.

– Papi, ahora vamos a la fábrica.

La fábrica no ha cambiado. Noel pasó por allí, revisó a los empleados y fue a la oficina. Doña Marli estaba ocupada y Marcos era el oficial de confianza de Dárcio, que era presidente, y en su oficina, en un lugar destacado, había una gran foto de él. Estaba encantado de ver a su amigo, estaba trabajando demasiado duro para manejar ambas posiciones y estaba siendo un gran alcalde.

– Papá, Dárcio tomó algunos objetos que te pertenecían: el reloj, que guarda con cariño, el marco con mi foto y sus libros espíritas. Comenzó a leer por curiosidad, para sentirse cerca de ti y se interesó. Él y Luciana comenzaron a asistir al Centro Espírita y están disfrutando lo que aprenden. Ambos serán buenos espíritas.

– ¡Que buena noticia! – exclamó Noel alegremente.

Abrazó a Dárcio, no lo sintió, pero recordó a su amigo con anhelo y deseó a Noel felicidad con Jesús. Noel regresó feliz a Colonia.

El lunes, cuando terminó su clase, Noel fue a sus habitaciones. Gabriel lo estaba esperando.

– Papi, necesito hablar contigo. El miércoles visitaremos a Carlos y a mi madre. Antes de eso, necesito hablar de ellos. Los dos no se casaron y no están bien.

Gabriel hizo una pausa, suspiró, Noel se quedó callado, segundos después comenzó a hablar de nuevo:

– El día del accidente cuando morí, fui al garaje, escuché a mi mamá discutiendo con Carlos, creo que tenía la intención de que ella hiciera algo y mamá no quería hacerlo, me asusté y me escondí debajo del auto. A Carlos no le gustaba Bob, ya no lo quería en la casa, defendí dos veces al perro de sus patadas. Subió al auto, sintió que iba a pasar por alto a alguien, pensó que era Bob.

– ¡Dios mío! ¡Él te mato! – exclamó Noel, suspirando tristemente, las lágrimas corrían por su rostro. Gabriel lo abrazó, guardaron silencio por unos momentos. Gabriel habló con calma.

– El accidente iba a suceder, tendría una pierna gravemente lesionada y no podría caminar. Y, debido a la imprudencia de Carlos, llegué a desencarnar. La desencarnación no es un castigo. Todos los que reencarnamos tenemos que dejar lo físico, y para mí, que no sufrí nada, fue bueno. Dormí y desperté aquí, en Colonia, en el Centro Educativo. Rápidamente me adapté y volví a mi aspecto anterior como médico, y volví a mis estudios y trabajo. Pensé que debería ayudarlo y, como sabía que no pasaría mucho tiempo en el plano físico, se me permitió esperarlo. Si no sufrí, Carlos lo lamentó. Cuando se enteró de que no había sido el perro al que había golpeado, se desesperó, no dijo nada porque tenía miedo. Nádia le creyó, como todos los demás. Pero su conciencia lo acusó y trató de olvidar. Después de todo lo que sucedió en el lago donde los salvaste, Carlos estaba preocupado, sintió mucho remordimiento, pensó, martirizándose, que fue la causa de la muerte de tu único hijo y que no dudaste en salvar a los tres. Terminó contándole a mi madre que no quiere perdonarlo. Ella ya se sentía culpable por lo que había sucedido y ahora se siente más; sin embargo, ella prefiere echarle toda la culpa a Carlos que asumir su parte, porque, desafortunadamente, mamá me usó para chantajearte. Ella me amaba, entendió esto solo cuando estaba desencarnado, antes no se preocupara por mí, decidieron usarme para tomar tu dinero. Sufrió cuando ocurrió el accidente, por primera vez Nádia sintió las adversidades de la vida, se encontró sin amigos, despreciada incluso por los familiares y padres de Carlos, que no querían esta unión; se quedó sin dinero y me extrañó. Cuando Carlos no pudo soportar más mantener este secreto, le dijo que su unión, que ya no estaba bien, empeoró. Mamá siempre ha estado dividida entre tu amor. Como dijiste, ella amaba lo que estaba lejos. Pensé que deberías saber esto antes de que la visitemos. Entenderé que, si no quieres ir ahora, podemos dejar esta reunión para otra fecha.

Gabriel se calló. Noel, que lo miró atentamente, entendió que su hijo era sereno, tranquilo, llegó a la conclusión de que era, sin duda, un ser especial.

– Los perdonaste, ¿no? preguntó Noel.

– No me ofendieron – dijo Gabriel. Papá, cuando vine aquí, también pensé que Carlos no tenía la culpa.

Solo después de un tiempo llegué a conocer la verdad y no me hizo ninguna diferencia y espero que no lo haga contigo. Tu hermano, mi padre, fue imprudente, actuó por impulso de lastimarlo matando a tu perro, porque sabía cuánto te gustaba ese animal. Tenía la intención de hacer algo que te molestara, olvidando que Bob era un ser vivo. No quería alejarme de la vida física, pero fue la causa.

Tengo que irme ahora, mañana vendré aquí para saber tu respuesta, si los visitaremos o no el miércoles.

Gabriel lo besó y se fue. Noel se sentó en el mismo lugar, sin moverse, pensó en todo lo que su hijo le dijo y concluyó:

"¡Antes ser la víctima! ¡Antes recibir una maldad que hacer una! Cuando recibimos un mal, podemos sufrir, pero no nos convertimos en malos. El que hace la mala acción es el dueño y la reacción es dolorosa. Carlos sufrió más que yo, yo no sufro más, él continúa sufriendo. Los visitaré como Gabriel planeó."

La tranquilidad regresó. Noel se sintió bien de nuevo, fue a estudiar, estaba contento con el curso, quería participar y aprovechar al máximo los conocimientos adquiridos. Al día siguiente dio la respuesta a su hijo, quien se regocijó. El miércoles, a la hora acordada, fueron a la casa de Nádia y Carlos.

Samuel y Vinicius estaban jugando en la sala de estar, Carlos estaba acostado y Rosa María estaba con él, y, debido a la conversación que Noel escuchó, su madre solo los visitaba cuando Nádia no estaba en casa. Poco después de que llegaron, ella se fue. Gabriel le pidió a su padre que vigilara a Carlos, tenía muchas cicatrices en la pierna, había perdido mucho peso, su fisonomía era abatida. Un par de muletas estaban al lado de la cama.

– Carlos aún no puede poner el pie en el suelo y solo se mueve con las muletas. Él ha estado yendo a la tienda por la mañana; por la tarde hace el trabajo de oficina aquí en su habitación, porque todavía tiene que descansar. Siente mucho dolor.

– ¡Mi hermano! ¡Suena extraño, pero él es mi hermano! – exclamó Noel, mirándolo con cariño.

Carlos no notó su presencia, pero sintió un fluido diferente y agradable, recordó a Noel y suspiró con tristeza.

Noel tuvo ganas de hacer algo por su hermano, se le acercó dándole buenos fluidos y trató de transmitir sus pensamientos:

"¡Carlos reacciona! Lo importante es lo que hagas ahora, en el presente. ¡No te martirices! No querías matar a Gabriel. Olvida ese triste hecho. Eres responsable de Samuel y Vinicius. ¡Sé un buen padre!"

Carlos se sintió mejor. En esto, llegó Nádia, ella trabajaba en la tienda. Besó a sus hijos y ni siquiera vino a ver a su esposo, fue a la cocina. Noel se acercó a ella y entendió que la amaba como ser humano, como hermana. Su ex esposa también sufrió, no podía perdonar a Carlos y no estaba decidida a separarse de él o no. Noel sintió que debería hablar con ella, aconsejarla. Habló suavemente, con calma, Nádia no escuchó, pero recibió las palabras del ex marido como si fueran sus pensamientos:

– Nádia, no solo culpes a Carlos. Fue una fatalidad. Si crees que no fuiste una buena madre para Gabriel, ¡sé ahora para estos dos que juegan en la sala! Déjalos crecer con su padre. ¡No abandones a Carlos y perdónalo!

– ¡Perdonar a Carlos! – exclamó Nádia suavemente –. ¿Puedo? Noel nos perdonó, murió para salvar a mis hijos, nos dio un ejemplo. No sabía lo que hizo Carlos; ahora, en el cielo, debe saberlo y ciertamente perdonó. También necesito perdonar, establecer un acuerdo con Carlos y criar a nuestros hijos, amarlos más de lo que amaba a Gabriel.

– Nádia – dijo Noel – trata de ser buena, responsable, ya que necesitas perdón, ¡perdona!

Dio una sonrisa triste, fue a la sala de estar y besó a los niños nuevamente, pero lo hizo de manera diferente, con amor, los niños sintieron afecto, se rieron alegremente. Nádia pensó: "Tengo que hacerlos felices. Noel murió para que pudieran vivir para mí. Amo a Noel, ¡pero ya no me ama y no volverá!"

– ¡Vamos, Gabriel! Espero que tengan paz y que se entiendan.

"Antes de irnos, digamos adiós a Carlos", dijo Gabriel. Carlos estaba llamando, hablando con alguien sobre la construcción del asilo, estaba empeñado en ver la institución funcionando y decidido a trabajar ayudando a los ancianos.

– Carlos está dispuesto a ayudar, cambiar para mejor y tendrá éxito. Ahora vámonos – dijo Gabriel.

"Gracias, hijo mío", dijo Noel, abrazando a Gabriel. Me hiciste entender muchas cosas, maduré, me di cuenta de que cuando perdonamos, nos hacemos un gran bien. Que Dios bendiga este hogar y que armonicen.

Fue muy bueno para Noel haber hecho esas visitas, saberlo todo. Tranquilo, se dedicó aún más a su estudio. El grupo de colegas era como su familia y él entendió que la humanidad era su familia y que nadie está realmente bien, feliz, mientras que uno de sus miembros no lo está. Bienaventurado el que está en condiciones de ayudar. Noel quería ser un servidor. El tiempo pasó rápidamente y completó el curso con gran provecho.

EL PASADO

Al finalizar el curso, Noel optó por un trabajo de pasantía, es decir: pasaría de tres a seis meses sirviendo en diferentes lugares. Comenzó a ayudar en el hospital, luego, iría a los Puestos de Socorro en el Umbral, luego, lugares de ayuda entre los encarnados, sería interno en veinte lugares. Completando la pasantía, iría a una Colonia de Estudio, estudiaría durante dos años, para cumplir su sueño: ser parte de un equipo de constructores.

– Ciertamente – dijo Noel a Gabriel – Seré aprendiz por mucho tiempo. Durante el curso, vi el trabajo de los constructores, me encantó y quería ser uno. Los vimos construir un mini–hospital, una maravillosa estación de ayuda que se encuentra en la parte superior de un Centro Espírita recientemente inaugurado. Quiero ser un constructor aquí en el plano espiritual y no escatimaré esfuerzos para eso. Esta etapa será para mí conocer bien estas construcciones y sus usos.

– El trabajo de estos constructores es muy importante – dijo Gabriel – siempre están aumentando las Colonias, Puestos, refugios y haciendo muchos lugares de asistencia en el Plano Físico junto con lugares que tienen como objetivo ayudar a las personas. Casi todos los centros espíritas tienen como continuación de la construcción material otros edificios que sirven de refugio para los desencarnados. Fue una forma que los líderes espirituales encontraron para ayudar a los necesitados sin sobrecargar a las Colonias. En estos lugares, muchos encarnados trabajan cuando sus cuerpos carnales duermen. Y muchos trabajadores del Plano Físico sirven en estos refugios. Me alegro, padre mío, porque hayas elegido este trabajo, es una tarea que requiere esfuerzo, capacitación, fuerza de voluntad, dedicación y muchos años de aprendizaje.

Noel fue a servir aprendiendo. Apuntando a su objetivo, hizo su trabajo con desinterés y siempre dedicando más horas. Mientras estaba internado en la Colonia, vivía con sus padres, disfrutaba estar con ellos, se amaban y eran felices juntos.

Fue a todos los lugares de la Colonia, vio todo y preguntó mucho. Llegó a la conclusión de que todo en el Plano Espiritual era útil, armonizado y que todos los lugares estaban planeados. Las Colonias aumentan de tamaño cada vez que lo necesitan, y cuando esto se hace, los constructores responsables se reúnen y trabajan por el bien del lugar. Planean y ejecutan juntos, felices de servir.

Sirviendo en el hospital, en las salas. Noel vio que había mucho que hacer allí, los imprudentes son muchos y también aquellos que quieren ser atendidos; faltan servidores y el trabajo es bastante. A menudo se entristecía al ver los sufrimientos de refugiados, de los que amaban la materia perecedera más que las verdades espirituales. Hay muchos individuos que viven solo para las ilusiones de la materia, cuando son expulsados de este mundo que idolatran, sufren y carecen de tiempo para adaptarse a otra forma de vida, la de los desencarnados. A Noel le gustó su tarea, pensó que podía pasar mucho tiempo sirviendo allí en el hospital, pero el deseo de cumplir su sueño era más fuerte, tenía ganas de dejar este trabajo. E inmediatamente quedó encantado con la otra tarea: fue asignado a un internado en el bosque, le encantaba plantar árboles, cuidar animales. Le gustaba tanto hacer esto que a veces se olvidaba de ir a casa y pasaba días en el trabajo.

– Tú, amando cada trabajo que haces, estarás indeciso sobre la tarea a dedicar – dijo Mara riéndose.

– Mamá, estoy feliz, amo la vida, y vivir para mí es trabajar, servir. Ya he elegido lo que quiero hacer aquí en el plano espiritual. ¡Quiero ser un constructor! – exclamó Noel alegremente, abrazando a su madre.

Fue mientras estudiaba en sus pasantías que Noel tenía algunos recuerdos de otras existencias que había vivido en el físico, eran recuerdos vagos. Le comentó esto a Gabriel, quien explicó:

– Papá, nuestra vida es única, vivir encarnado y desencarnado son fases de aprendizaje. Todo lo que experimentamos queda registrado en nuestra memoria espiritual. Olvidar con la reencarnación es la bondad del Padre Creador para que realmente podamos comenzar de nuevo. Sería complicado para la mayoría de nosotros vivir encarnados con los recuerdos de actos, hechos que a menudo rechazamos en este momento. El objetivo de volver para lo físico es progresar, amar al mayor número de personas, para que, algún día, la humanidad sea una familia, amándose unos a otros como hermanos. Conozco a muchas personas que, encarnadas, recuerdan, ya sea solas o con ayuda. He visto casos de obsesores que les recuerdan a sus víctimas para perturbarlas. Aquí, en el Plano Espiritual, no hay diferencia con respecto al plano físico; en Umbral, espíritus malignos, para vengarse, hacen recordar a las víctimas. Aquí, en las Colonias, aquellos que desean recordar el pasado pueden hacerlo solos, si están preparados para ello, o pedir ayuda. Hay departamentos en las Colonias que ayudan de manera segura a aquellos que quieren saber lo que hicieron en sus experiencias en la materia.

– ¿Has recordado lo que hiciste en tus encarnaciones? preguntó Noel.

– Sí. Desencarnado es más fácil de recordar. Es bueno saber que estar preparado, esto lo alienta a tener objetivos para llevar a cabo ciertos trabajos, ya sean reparadores o constructivos. No piensen que, porque estás desencarnado lo recordamos todo – respondió Gabriel.

– La desencarnación es un proceso de cambio complicado para muchos. Cuando llegamos aquí, vemos muchas cosas, novedades y tenemos mucho que aprender. No hemos olvidado nuestro último paso por el plano físico y, a veces, estos recuerdos son suficientes para incomodarnos. Si recordamos de inmediato todas nuestras reencarnaciones, sería demasiada información – dijo Noel.

– Papá, la gente difiere mucho, muchos regresan a la Patria Espiritual sin conocimiento, otros tienen muchos.

Estos, que tienen conocimiento, casi siempre recuerdan el pasado, aquellos que no lo hacen y no están interesados en recibir, generalmente reencarnan sin recordar.

– Creo que voy a presentar una solicitud para el departamento y pedir ayuda para recordar – dijo Noel.

– Si te sientes preparado para eso, debes hacerlo. Y no olvides que todos pasamos buenos y malos momentos, ya hemos hecho buenas y malas acciones – aconsejó Gabriel.

Y Noel continuó teniendo ciertos recuerdos, estos llegaron independientemente de su voluntad, sin siquiera pensar en ellos. Una noche estaba recostado en el sofá con la cabeza en el regazo de su madre y ella le pasaba las manos amorosamente por el pelo, sintió con seguridad que había sido un buen hijo y padre en sus últimas encarnaciones. Como una tarde, al explicarle a un visitante sobre un árbol, recordó que ya había trabajado encarnado, con plantas, recordó el lugar donde vivía, las plantaciones que hizo de la fisonomía que tenía. En otras ocasiones, en una conversación, le vino a la mente el conocimiento sobre ese tema. Y estaba seguro de que ya había vivido con Nádia y Carlos.

Se había registrado con el departamento para recibir ayuda para recordar. Antes de ser servidos en privado, la mayoría de los candidatos escuchan varias conferencias que los llevan a comprender que el pasado ha pasado y que no podremos cambiarlo. Para nosotros, lo importante es el presente, el nuestro ahora, el momento. Y no debemos dejar de hacer lo que es bueno para el futuro. Hay varios asesores que dan conferencias y, luego, permanecen en el lugar para responder varias preguntas.

A Noel le gustaba mucho ir a las conferencias, aprendió escuchando a personas con conocimiento hablar sobre ciertos temas. Le conmovieron algunos relatos que había escuchado en estas reuniones en el Departamento de Reencarnación y entendió que muchos estaban allí para recordar el pasado porque tenían problemas. Un hombre dijo que amaba a su madre como mujer y esto lo martirizó durante el período en que estuvo encarnado. Sufrió mucho con la culpa, estaba avergonzado de sus sentimientos, creía que este triste hecho podría explicarse recordando existencias anteriores. Este caballero recibió instrucciones de recordar. Noel, más tarde, lo encontró y le dijo que, de hecho, ya había vivido con ese espíritu que había sido su madre, muchas veces se amaban con pasión y por este sentimiento cometieron muchos errores. Reencarnaron como madre e hijo en un intento de transformar esta pasión en amor sincero. Y se sintió mucho mejor cuando lo sabía todo, ahora estaba tranquilo, dispuesto a trabajar y mejorar.

Tuvo la oportunidad de hablar con muchas personas después de estas conferencias y todos pensaron que la reencarnación era justa, lo que lleva a comprender la bondad y la justicia de Dios.

Muchos, al escuchar estas conferencias, dejan de conocer el pasado, entienden que no debemos hacerlo por curiosidad, así como no debemos recordar sin preparación. Saber que éramos héroes, que hicimos actos amables, es reconfortante, pero conocer los hechos desagradables en los que hemos hecho cosas malas puede entristecernos y, si no estamos preparados, corremos el riesgo de perturbarnos. Noel pensó durante días y decidió recordar, porque ya lo estaba haciendo solo. Día y hora establecida, llegó al departamento tranquilo y fue atendido por Selma, quien lo ayudó.

Actualmente, en todas las Colonias, hay lugares especializados para ayudar a las personas interesadas en conocer la reencarnación, un proceso importante para todos nosotros. Hay muchas personas desencarnadas que se dedican a este trabajo. La mayoría de estos trabajadores se están preparando para regresar al Plano Físico y dedicarse a la ciencia y demostrar con ello este hecho que nos lleva a entender la vida como un todo, como algo único.

Noel pensó que era maravilloso, este departamento operaba en un edificio sencillo y confortable, con varias salas y una sala de conferencias.

Selma lo llevó a una pequeña habitación donde se quedaron los dos, le pidió que se acostara y le explicó:

– Noel, este recuerdo se hace de diferentes maneras. Tenemos un dispositivo que proyecta la imagen que se graba en su memoria. Es decir, lo recordará y, con nuestra ayuda, las imágenes aparecerán en esta pantalla. Otra forma es que uno de los trabajadores aquí ayude induciendo a aquellos que desean recordar a organizar esos recuerdos. Lo elegimos por ti. Mantente relajado y deja que los recuerdos vengan naturalmente. Estaré a tu lado.

El asesor experimentado llevó a Noel a recordar y lo hizo. Recordó muchas experiencias, hechos importantes de cada una de sus visitas al plano físico.

A veces Noel sonreía, a veces lloraba; sin embargo, siguiendo las instrucciones de Selma, se esforzó por mantener la calma. Sintió una sensación extraña cada vez que recordaba tuvo muchas desencarnaciones, en algunas sintió miedo y dolor.

Noel recordó que había vivido en muchos países, tenía muchos padres, hijos y que, de hecho, en sus últimas encarnaciones había sido un buen padre y un buen hijo. Trabajó en muchos sectores, hizo muchas cosas, tuvo muchas apariencias.

Fue en la Edad Media, en Europa, que vio a Nádia y se enamoró de ella. Carlos ya se había reencarnado con ella y en todas estas reuniones la había amado con pasión. Cuando Noel la conoció, estaba casado con la hermana de Carlos y este también tenía una esposa. Nádia trabajaba en su casa y se convirtió en su amante. Carlos le contó el hecho a la hermana de Noel, su esposa. La esposa de Noel la despidió e hizo que se fuera lejos. Carlos y Noel discutieran, no hablaron por un tiempo, luego volvieran a estar juntos, aunque no se quisieran.

Tiempo después, reencarnaron. Carlos era hijo de Rosa María y se casó con Nádia. Noel estaba casado con Luciana y por razones laborales, se mudaron a la ciudad donde vivía Carlos. Luciana era una gran esposa y amaba mucho a Noel, ambas estaban felices hasta entonces. Noel, al conocer a Nádia, se enamoró y se hicieran amantes.

Noel, recordando este hecho, suspiró profundamente y se sentó en el sofá. Selma tomó su mano y le preguntó:

– ¿Quieres parar? ¿Cómo te estás sintiendo?

– Quiero continuar, Selma – respondió él –. Sentí la pasión que me comió en ese momento. La pasión es como un fuego abrumador que perturba, desarmoniza y duele. Me alegro de no sentir ese sentimiento nunca más. ¡Vamos a seguir!

Y los recuerdos continuaron...

Carlos se enteró de su relación y lo convocó a un duelo. Se batieran en duelo y Carlos murió. Rosa María, la madre de Carlos, sufrió mucho por la muerte de su hijo y odiaba a Noel. Luciana también sufrió, pero ella se quedó con su esposo, y aunque él amaba a su familia, no dejó a Nádia. Gabriel era el hijo de Noel, estudió, era médico, siempre estaba preocupado por su padre. Una vez, cuando Noel quería dejarlos para vivir con Nádia, Gabriel se rompió las piernas. Luego tuvo que quedarse en casa y ya no se recuperó, quedó discapacitado, estaba luchando. Solo se separó de Nádia cuando era viejo y estaba enfermo.

Carlos y Noel se convirtieron en enemigos, comenzaron a odiarse y perseguirse.

Sentir odio es estar inquieto, sobresaltado, nervioso e infeliz. Odiando, olvidamos todo lo bueno que nos sucedió y lo que puede suceder, estar conectados con el ser que odiamos.

Noel se retorcía en el sofá, sudaba, sintió que se le secaba la garganta. Sintió la agonía de esperar el miedo a las represalias del otro y la angustia de planear un mal. Selma lo calmó. Sintiéndose tranquilo, recordó de nuevo.

Ambos sufrieran durante un tiempo en el Umbral, fueran rescatados y prometieran olvidar el rencor. Reencarnaran como hermanos y Nádia se quedó en el plano espiritual; sin ella cerca, aunque no se querían, no tenían desacuerdos.

Desencarnaran y en el plano espiritual se encontraran con Nádia. Los tres prometieron no pelear más y se reencarnaran en la misma ciudad.

Como Nádia reencarnó primero, se casó muy joven con Ari, un terrateniente muy rico. Ari era el hijo de Mara y esta vivía con ellos. Noel y Carlos eran dos hermosos jóvenes que se conocían sin ser amigos y los dos se enamoraron nuevamente de Nádia, quien jugó con sus sentimientos y se convirtió en su amante. Mara sabía, le dijo a Ari, que ni siquiera le importaba, él también tenía varias amantes. Nádia quedó embarazada y Mara no quería que naciera este niño. ¿Cómo podría saber si era tu nieto? Luego le dio a Nádia, sin que ella lo supiera, tés abortivos, y ella abortó. Esto sucedió varias veces. Ari se enamoró de otra mujer y, aprovechando el mal comportamiento de su esposa, la echó de la casa. Noel y Carlos lucharon por ella, se odiaron de nuevo, ambos la querían por su esposa. Como los dos eran pobres, Nádia se fue con otro que era rico. Estaban decepcionados, sufrieron, ya no lucharon y continuaron odiándose.

Estaban separados por dos encarnaciones, donde intentaron armonizar. Se volvieran a encontrar en el Plano Espiritual, planearan encontrarse en el Plano Físico y probar, cada uno para sí mismo, que actuarían bien esta vez. Noel arregló con Luciana que estarían juntos. Carlos se casaría con Nádia, ayudándola a tener responsabilidades en el matrimonio.

Solo que Nádia prefirió a Noel porque era rico y él dejó a Luciana.

Gabriel, que había planeado ser el hijo de Noel y Luciana, se reencarnó como su hijo. Noel prometió ser un buen esposo para Luciana y Nádia se esforzaría por ser fiel a Carlos. Luciana, como se lo merecía, tenía un gran esposo al casarse con Dárcio. Nádia no supo cómo ser fiel a su esposo. Si, en el pasado. Noel mató a Carlos en un duelo, en este último le mataron su cuerpo físico para salvarlo. Carlos y Nádia estaban juntos teniendo la oportunidad de hacerlo bien y Noel se curó de la pasión que sentía por ella. Si la encuentras en otra encarnación, sin duda serán solo amigos.

Noel estaba emocionado y aliviado cuando terminó. Agradeció a Selma, se fue a su casa, entró en su habitación y siguió pensando en todo lo que recordaba. Estaba contento de no tener más karma negativo y sus próximas encarnaciones serían evidencia para él. Demostrarse a sí mismo que había aprendido, y su objetivo sería progresar siempre.

Se dio cuenta de que el pasado no importaba, ya no quería pensar en eso. Había reparado sus errores, hecho de los enemigos, amigos. Estos recuerdos le hicieron comprender muchos hechos, que todo está justificado. El pasado queda atrás, no vuelve nada, los lugares que recordaba ya no están como estaban antes. Noel hizo una comparación: cuando tenía once años, fue a otra ciudad con sus padres para visitar a un pariente de su madre. Esta agradable señora vivía en una calle tranquila, en una casa frente a la cual había una barandilla baja y blanca. La anfitriona los llevó a ver la ciudad, realmente le gustó ver un río que pasaba por la metrópoli, estaban en una pequeña cascada que tenía un punto de vista al lado, subieron una enorme escalera de pequeños azulejos formando dibujos pintorescos. Años después, regresó a esa ciudad. Después de hacer lo que lo llevó allí, fue a la calle donde vivía su pariente, ya no estaba en silencio, la casa estaba habitada por otras personas, porque esta señora había cambiado la grada, ahora era alta y oscura. Regresó al mirador, seguía siendo un lugar hermoso, pero había cambiado mucho, porque había sufrido una renovación importante y las pequeñas baldosas ya no existían. Y ya no estaba acompañado por sus padres, que habían fallecido. Uno no debe apegarse al pasado, todo cambia, se transforma y nada vuelve a ser como era. Quien está apegado a los eventos que se han ido, casi siempre pierde la oportunidad de disfrutar el presente y es este, el momento actual, lo que debería interesarnos.

En otro día, Noel encontró a Gabriel, le contó todo lo que recordaba y concluyó:

– ¡Hijo mío, bendito sea Dios que nos da la oportunidad de reencarnar! Sabes que soy amigo de Dárcio, lo amo muy bien. Y no lo recordaba en mi pasado.

– Papi, tenemos que expandir nuestro afecto, hacer nuevos amigos y nunca más tener enemigos. A menudo reencarnamos con personas con los mismos gustos, formas de ser, nos sintonizamos con ellos, los amamos y puede ser la primera vez que vivimos juntos. Con Dárcio y tú fue así. Este amigo tuyo se reencarnó para demostrar que podía ser honesto, a pesar de que tenía oportunidades e facilidades para mantener los activos de otra persona. Dárcio es un ejemplo de honestidad, está obteniendo las mejores calificaciones en su prueba.

– ¿Sabes qué conclusión saqué de todo esto? – Preguntó Noel y él respondió: – Conocer el pasado no me hizo la diferencia. Siempre complicamos nuestra existencia, cometemos errores y, para desatarlos, se requiere paciencia, perseverancia, fuerza de voluntad, y una vez desatados, nos sentimos libres de volar con el hilo de la vida rumbo al progreso. Solo aquellos que no han deshecho estos nudos, que tienen algo que reparar, construir donde destruyeron, se sienten atrapados en el pasado. Qué bueno es sentirse libre de planear para el futuro, ofrecer gracias a Dios, habiéndonos reconciliado con nuestros hermanos. Me siento preparado para ser útil, para adquirir conocimientos, y siempre quiero progresar, porque aprendo a amar.

Gabriel lo abrazó emocionalmente.

– ¡Una vez un amigo, padre mío, siempre un amigo! Nuestra amistad se ha fortalecido. Te amo.

– ¡Gracias Gabriel! – Noel habló sonriendo conmovido –. Realmente tengo mucho que agradecerles, no solo a ustedes, sino también a todos los que ayudan a mejorar la Tierra, nuestro hogar bendito.

LA VIDA CONTINÚA

La sexta etapa de Noel fue en el Centro Educativo y Gabriel se aseguró de mostrarle todo y aclarar sus dudas.

– La mayoría de las personas, cuando están desencarnadas, regresan a la espiritualidad sintiendo los reflejos del cuerpo físico. Por esta razón, muchos sienten hambre, sed, dolor y necesitan aprender a vivir aquí en el Plano Espiritual. Algunos tardan más en adaptarse, otros lo hacen más rápidamente, dependiendo del desprendimiento, queriendo acostumbrarse. Esta experiencia difiere según el lugar al que, por mérito, los desencarnados se sienten atraídos por quedarse o vivir. Los buenos, los que vienen aquí con muchos "Dios te pague y gracias"; es decir, con buenas obras, pronto estarán bien. Los que son acompañados de malas acciones, se sienten atraídos por el Umbral y los reflejos del asunto tardan mucho en superarse. Normalmente, los niños, cuando están desencarnados, permanecen con apariencia infantil y necesitan mucho cuidado y afecto. Por esta razón, sin ser una regla general, vienen a los Centros Educativos en las Colonias, que son lugares hermosos y agradables, donde los trabajadores experimentados y a quienes les gustan los niños los cuidan. En nuestra colonia, el "Centro Educativo Infantil Niño Jesús" es espacioso y maravilloso. Desafortunadamente, algunos niños que estaban enfermos encarnados tienen el reflejo y esto casi siempre es alimentado por seres queridos que permanecen en el estado físico y que piensan en ellos enfermos. A ellos les gusta quedarse aquí en el hospital.

– ¿Los niños se quedan aquí temporalmente? – Noel quería saberlo.

– Sí – respondió Gabriel – todo es temporal, tiene tiempo para terminar. Nos detenemos, papá, todos pasamos períodos encarnados y desencarnados. Al desencarnar con el cuerpo del bebé, pueden desarrollarse con nosotros aquí; es decir, crecer como lo hicieron en el físico, o volver a su apariencia anterior como yo, o permanecer como un niño, la forma en que hicieran su cambio de plano, otros pueden reencarnar poco después. Como puedes ver, no hay una regla general, cada ser es importante y el Plano Espiritual se preocupa y se esfuerza porque lo mejor le suceda a cada uno.

Se detuvieran frente al hospital, Noel sabía que era uno porque Gabriel lo dijo. No parecía un nosocomio. Era una casa grande, con grandes ventanas, con muchas plantas, flores y animales. Había todo lo que el niño aprecia los juguetes, pequeños laberintos, las paredes con dibujos hechos por ellos, pequeños muebles, y para quienes trabajan allí y los visitantes la orden es: alegría y amor.

En el patio delantero, se encontraron con algunos niños y Gabriel les preguntó cuál era ese lugar para ellos; lo hizo para que Noel lo escuchara.

– ¿Qué es este lugar para ti?

– Un palacio encantado – respondió una graciosa niña.

– Una mansión de amor – dijo un niño de diez años.

– Una escuela del futuro – dijo otra niña.

– ¡Un lugar donde sanaré, un hospital de alegría! – exclamó una niña riendo.

Entraron en el edificio y Gabriel explicó:

– Observa, papá, cómo se planeó este lugar para el bienestar de nuestros niños. Para los pequeños internos, es todo lo que dijeron; para nosotros que servimos aquí, es un hospital. Los niños son acomodados por edad y tenemos un ala especial a la derecha para aquellos que tienen reflejos físicos más fuertes y que necesitan más atención.

Al entrar en una sala donde los niños de tres a seis años, los niños, al ver a Gabriel, corrieron a abrazarlo. Él presentó a Noel.

– ¡Este es mi amigo! – sonrió y le habló suavemente a Noel: – Los niños serían extraños si les dijera que eres mi padre, tenemos la misma edad. Y tú eres un verdadero amigo para mí.

Noel entendió que los lazos de parentesco son a veces frágiles, los de la amistad son tan fuertes que se perpetúan. Los amigos lo son por elección, afinidades, y cuando la amistad es sincera es para siempre.

Siguiendo a su anfitrión, Noel conocía todo el lugar. Y estuvo de acuerdo con su hijo, los Centros Educativos son lugares realmente maravillosos, donde se siente que el amor reina. Hay orden y disciplina, los niños tienen clases de iniciación evangélica, moral y estudios generales. El tiempo libre es parte de su pasantía allí, los internos practican muchos deportes, hay canchas deportivas hermosas y bien cuidadas en la escuela. Toman clases de teatro y se les anima a leer buenos libros. La biblioteca es muy céntrica y muy cómoda, encontramos en ella libros que los encarnados también tienen para leer y otros adecuados para ellos, que actualmente viven con el cuerpo periespiritual. Las clases de música tienen una variedad de instrumentos y a los niños les encanta aprender. También tienen clases de canto y en todos los Centros Educativos hay coros, a los niños les encanta cantar. El alojamiento, ya sea el dormitorio o su rincón privado, es muy agradable. Cada uno tiene el suyo, donde guardan sus pertenencias privadas, siempre con fotos de miembros de la familia, juguetes, instrumentos musicales, etc. los niños son felices allí.

Noel estaba encantado con el lugar y Gabriel explicó:

– Papá, los lugares que albergan a los niños aquí en el Plano Espiritual son similares, hay muchos en las Colonias repartidos por nuestro planeta. Los consejeros espirituales no han escatimado esfuerzos para que los espíritus que fallecieron en la infancia tengan un hogar agradable aquí, sin olvidar el orden, la disciplina y la educación con amor. Ciertamente estos Centros Educativos no son iguales, tienen muchas denominaciones, pero siguen el mismo objetivo: instruir con ejemplo y afecto.

– ¡Ah, hubiese conocido de esto! – exclamó Noel –. Si encarnado, cuando falleciste, hubiera tenido conocimiento del Centro Educativo, no habría sufrido tanto.

– Desafortunadamente no estabas interesado en informarte en ese momento. Hay muchas personas desencarnadas a las que se les permite y dan esta información a los encarnados, y es suficiente creer, meditar y sentir en el corazón que son verdaderas. Sin embargo, es necesario confiar en la bondad de Dios y comprender este proceso natural que es la muerte del cuerpo físico. Por lo general, complicamos, por lo que sufrimos de la desencarnación de un ser querido.

Fue mientras trabajaba que Noel conoció el Centro Educativo en detalle. Enseñó a los niños a plantar y respetar la naturaleza, daba clases de deportes, cuidaba a los enfermos y le gustaba todo lo que hacía. Él entendió lo importante que era el trabajo de su hijo. Él era el "tío médico" de los niños pequeños enfermos y estudió mucho.

– Papá, cuando estaba encarnado, estudiaba medicina y me dedicaba a sanar, a ayudar a las personas con impedimentos del habla – explicó Gabriel.

Noel estaba terminando su pasantía en Centro Educativo, cuando Gabriel vino a hablar con él.

– Papá, voy a reencarnar.

– ¿Ahora? ¿No puedes quedarte aquí más tiempo? – Preguntó Noel.

– No hay tiempo establecido para que nos quedemos en el Plano Espiritual – respondió Gabriel –. Nuestra estancia aquí difiere mucho de uno a otro, se verifica la necesidad de cada uno. Me preparé mucho, papá, para trabajar en el Plano Físico y ha llegado el momento de hacerlo. Reencarnar, para mí, será un gran desafío, en el que me demostraré a mí mismo que podré estudiar mucho, ser paciente y dedicado al trabajo. Y cuando nos sentimos preparados, no podemos temer la evidencia. Una pareja de amigos me dará la oportunidad de volver al Plano Físico. Mi futura madre pronto quedará embarazada. Estoy pasando mis tareas de aquí a un amigo y me voy a preparar para reencarnar.

– ¡Te voy a extrañar! – exclamó Noel, suspirando.

– Papi, la vida continúa, ahora vivimos aquí, luego allá. La reencarnación sigue siendo necesaria para nosotros, espíritus que aspiran a progresar. Con el entendimiento que tengo, debo tratar de esforzarme para que este hogar bendito nuestro sea mejor, hacer todo lo posible para cultivar la paz dentro de mí e irradiarla al mayor número de personas. Reencarnaré contento, espero hacerlo. Entendiendo esta muy buena ley, ¿cómo no podemos valorar la reencarnación? ¿Cómo no volver al físico lleno de esperanzas y buena voluntad? Reviso el cuerpo carnal emocionado, feliz y dispuesto a seguir siendo útil. Y me puedes ver.

– No será lo mismo, tendrás otro padre, otro cuerpo y no me recordarás – se lamentó Noel.

– Los afectos no se separan, la ausencia no disminuye el amor. ¡Yo te amo! – exclamó Gabriel, sonriendo.

– Siempre nos despedimos del afecto y tienes razón, el amor une. Estoy seguro de que tendrás éxito y te visitaré siempre que pueda. ¿Conozco a tus futuros padres? – Preguntó Noel.

– Sí, mis padres serán Dárcio y Luciana – respondió Gabriel.

– ¡Eso es fantástico! ¡Tendrás los padres que te mereces! Estoy encantado de que estés volviendo al Plano Físico para que te guíen.

Noel acompañó a su hijo en preparación. Los residentes de la Colonia, cuando quieren reencarnar, reciben asistencia del Departamento de Reencarnación. Gabriel no necesitaba mucha preparación, tenía mucho conocimiento.

Fue emocionante decir adiós a sus amigos, Noel, Ari y Mara intentaron no llorar. Con los mejores deseos de éxito, Gabriel se mudó al edificio. Los tres regresaron a casa, Mara exclamó:

– ¡Qué adiós, todavía me conmueve! Ari y Noel estuvieron de acuerdo con ella.

A veces, en sus días libres. Noel venía al Plano Físico y ahora, solo. Maria Inés, la maestra, se casara con Rufino y fueron felices. La fábrica progresaba con la administración de Dárcio. Carlos y Nádia continuaron juntos, a pesar de tener muchas desavenencias. Y ahora había una razón más para visitar a Dárcio y Luciana: la pareja estaba encantada con la confirmación de que tendrían otro hijo.

Noel estaba contento con sus pasantías, estaba comprometido a hacer lo que era mejor para él y aprovechó la oportunidad para adquirir conocimiento. Su alegría fue enorme cuando fue invitado por su asesor para ayudar a los constructores a hacer un Puesto de Socorro en el Plano Espiritual, sobre un Centro Espírita que se formaría. La parte material no era grande, era un salón. El equipo encarnado, todo entusiasmado, planeó todos los detalles y los orientadores del grupo pidieron al equipo de constructores que construyera un pequeño Puesto de Socorro para los desencarnados que se alojarían allí.

El trabajo de los constructores es las veinticuatro horas del día, el equipo es animado y alegre. Recibieran a Noel y otros invitados con afecto y explicaron todas las dudas con paciencia. Fueron a ver el lugar, describieran lo que querían que hicieran, hicieran el plan, discutieran los detalles. Regresaran al lugar y trabajaran con amor, dejando fluidos de afecto y buen humor. Comenzaron haciendo un muro al lado de la construcción del material, para protegerlo; es decir, en la casa solo entre los que desean los orientadores. Esto evita que los desencarnados menos iluminados invadan el lugar para arruinarlo. Muchos llaman a esta pared una muralla, una valla de protección, etc. Luego se dispusieran a construir el Puesto. Días después, el pequeño refugio estaba listo, con el color que los encarnados eligieran para pintar el salón.

El edificio espiritual estaba sobre el material, conectado por una escalera, tenía tres pisos. La primera fue la recepción, habitaciones reservadas para los desencarnados para hablar con los orientadores espirituales y la biblioteca. En el segundo piso estaban las habitaciones donde los espíritus enfermos necesitaban ayuda. Casi todos los trabajadores desencarnados de esta casa viven allí; es decir, tienen su espacio reservado, su hogar en el tercer piso.

Los constructores dejan el Puesto listo, ponen muebles, ropa, todo lo que necesitan. Suelen reunirse después; reciben gracias y oran, pidiéndole a Dios, nuestro Padre, que sea un lugar de paz y alegría allí.

Con todo listo, pasan a otra tarea. Noel seguía de pie en el Puesto observando todo cuidadosamente, con él también uno de ellos, una jovencita atenta a los detalles.

– ¡Qué hermosa biblioteca! – exclamó Noel.

– A los trabajadores del Plan Espiritual les gusta leer y muchos libros son prestados o donados a personas desencarnadas que vienen aquí, ya sea para visitar o recibir ayuda. Muchas personas necesitadas vendrán a esta casa solo para obtener alivio, pero no están interesados en cambiar para mejor y algunos de ellos toman prestados libros o los reciben como obsequios. Aquí también, en el Plan Espiritual, los buenos libros son bendiciones, fuentes de información y consuelo – explicó la jovencita que formaba parte del equipo de constructores.

Noel estaba muy contento de haber participado en este trabajo, regresó a su pasantía con más ganas de ser parte de este fabuloso equipo.

Fue a visitar a la pareja de amigos, Dárcio y Luciana, quienes ese domingo por la tarde harían el Evangelio en casa. Había dos espíritus trabajadores del Centro Espírita que solían aprovechar para limpiar la casa y los residentes, eliminando los fluidos negativos y saturando con energías beneficiosas.

Dárcio leyó un texto de la historia de Jesús a sus hijos, después de orar, los dos niños se fueron y Luciana leyó dos páginas de *"El Evangelio según el Espiritismo"* y los dos oraron nuevamente.

Cuando terminaron, los dos amigos desencarnados se retiraran. Luciana estaba embarazada de siete meses, tendría un niño hermoso y saludable. La pareja, que estaba sentada en el sofá de la sala, estaba hablando.

– ¡Hoy es el cumpleaños de Noel, lo extraño mucho! – exclamó Dárcio suspirando.

– Noel fue, él es nuestro gran amigo. Dárcio, ¿qué tal si llamamos a nuestro bebé, si es un hombre, Noel, para honrar a este maravilloso ser humano que es? – dijo Luciana.

– A Noel no le gustaba su nombre. De niño peleó muchas veces porque se llamaba Papá Noel. Si queremos honrarlo, debemos ponerle el nombre a nuestro hijo Gabriel, nombre que le gustó, su hijo – dijo Dárcio.

– ¡Gabriel! Me gusta. Está decidido, si es un niño, será Gabriel, y si es una niña, Gabriela, en honor a Noel, nuestro querido amigo.

Noel emocionado frotó el vientre de Luciana y exclamó:

"¡Que Dios te bendiga, querido hijo! ¡Que el Padre Celestial siempre proteja este hogar!"

– Al bebé le gustó el nombre, Dárcio, ¡saltó! – exclamó Luciana alegremente.

Alegre, Noel regresó a la Colonia, entendiendo completamente el significado de la expresión: "La vida continúa."

FIN

Libros de Vera Lúcia Marinzeck de Carvalho y Patricia

Violetas en la Ventana

Viviendo en el Mundo de los Espíritus

La Casa del Escritor

El Vuelo de la Gaviota

Vera Lúcia Marinzeck de Carvalho y Antônio Carlos

Amad a los Enemigos

Esclavo Bernardino

la Roca de los Amantes

Rosa, la tercera víctima fatal

Cautivos y Libertos

Libros de Eliana Machado Coelho y Schellida

Corazones sin Destino

El Brillo de la Verdad

El Derecho de Ser Feliz

El Retorno

En el Silencio de las Pasiones

Fuerza para Recomenzar

La Certeza de la Victoria

La Conquista de la Paz

Lecciones que la Vida Ofrece

Más Fuerte que Nunca

Sin Reglas para Amar

Un Diario en el Tiempo

Un Motivo para Vivir

¡Eliana Machado Coelho y Schellida,
Romances que cautivan, enseñan,
conmueven y pueden
cambiar tu vida!

Libros de Elisa Masselli

Siempre existe una razón

Nada queda sin respuesta

La vida está hecha de decisiones

La Misión de cada uno

Es necesario algo más

El Pasado no importa

El Destino en sus manos

Dios estaba con él

Cuando el pasado no pasa

Apenas comenzando

Libros de Mónica de Castro y Leonel

A Pesar de Todo

Con el Amor no se Juega

De Frente con la Verdad

De Todo mi Ser

Deseo

El Precio de Ser Diferente

Gemelas

Giselle, La Amante del Inquisidor

Greta

Hasta que la Vida los Separe

Impulsos del Corazón

Jurema de la Selva

La Actriz

La Fuerza del Destino

Recuerdos que el Viento Trae

Secretos del Alma

Sintiendo en la Propia Piel

Grandes Éxitos de Zibia Gasparetto

Con más de 20 millones de títulos vendidos, la autora ha contribuido para el fortalecimiento de la literatura espiritualista en el mercado editorial y para la popularización de la espiritualidad. Conozca más éxitos de la escritora.

Romances Dictados por el Espíritu Lucius

La Fuerza de la Vida

La Verdad de cada uno

La vida sabe lo que hace

Ella confió en la vida

Entre el Amor y la Guerra

Esmeralda

Espinas del Tiempo

Lazos Eternos

Nada es por Casualidad

Nadie es de Nadie

El Abogado de Dios

El Mañana a Dios pertenece

El Amor Venció

Encuentro Inesperado